essentials

Bipolare Störungen

Eine Einführung

Kimberly Stolfi · Thomas Schnell

Springer

Kimberly Stolfi
Wiesbaden, Deutschland

Thomas Schnell
MSH Medical School Hamburg
Hamburg, Deutschland

ISSN 2197-6708   ISSN 2197-6716 (electronic)
essentials
ISBN 978-3-662-73059-1   ISBN 978-3-662-73060-7 (eBook)
https://doi.org/10.1007/978-3-662-73060-7

Die Deutsche Nationalbibliothek verzeichnet diese Publikation in der Deutschen Nationalbibliografie; detaillierte bibliografische Daten sind im Internet über https://portal.dnb.de abrufbar.

Planung/Lektorat: Heiko Sawczuk
Springer ist ein Imprint der eingetragenen Gesellschaft Springer-Verlag GmbH, DE und ist ein Teil von Springer Nature.
Die Anschrift der Gesellschaft ist: Heidelberger Platz 3, 14197 Berlin, Germany

Wenn Sie dieses Produkt entsorgen, geben Sie das Papier bitte zum Recycling.

Was Sie in diesem *essential* finden können

- Eine allgemeine Einführung in das Störungsbild der bipolaren Störung mit historischer Einordnung sowie Definition und Beschreibung der Subtypen des Störungsbildes.
- Ein Überblick über die Symptomatik und den Verlauf bipolarer Störungen, die diagnostischen Kriterien nach ICD-10, ICD-11 und DSM-5 sowie eine Darstellung häufiger Komorbiditäten und wesentlicher Aspekte der Differentialdiagnostik.
- Ätiologische Erklärungsansätze zur Entstehung und Entwicklung der bipolaren Störung, ergänzt durch epidemiologische Daten.
- Eine Zusammenfassung aktueller Behandlungsmöglichkeiten, bestehend aus pharmakologischen und psychotherapeutischen Verfahren im Rahmen eines multimodalen Gesamtkonzepts.

Inhaltsverzeichnis

Beschreibung des Störungsbildes bipolare Störung

1

Fallbeispiel

Miro, 32 Jahre alt, befindet sich seit drei Wochen auf der Station 7A für affektive Störungen der hiesigen psychiatrischen Universitätsklinik. Drei Freunde hatten ihn dorthin gebracht, nachdem sie einen gemeinsamen Urlaub vorzeitig abgebrochen hatten. „Es war klar, dass mit Miro etwas nicht stimmt", berichtet sein bester Freund. „Zunächst haben wir uns alle gefreut, als Miro mitteilte, er habe im Lotto gewonnen und wolle uns für vier Wochen nach Ibiza zum Feiern einladen." Dies sei auch deshalb so erfreulich gewesen, weil Miro im vergangenen Jahr eine extrem schwierige Phase durchlebt habe. Er sei schwer depressiv gewesen und habe einen Suizidversuch unternommen. Damals sei er bereits auf derselben Station behandelt worden. Da es sich um die zweite depressive Episode gehandelt habe, sei bei ihm eine rezidivierende depressive Störung diagnostiziert worden. Auf Ibiza sei jedoch schnell aufgefallen, dass Miro verändert wirkte. Er wirkte aufgekratzt und regelrecht euphorisch. Zunächst hatten die Freunde es auf die Antidepressiva geschoben. Den Konsum von Ecstasy hätten sie ausgeschlossen, da Miro dies stets abgelehnt habe. Dennoch habe er mehrere Nächte durchgefeiert, ohne müde zu werden, und sei zunehmend reizbar gewesen. Als seine Freundin von zu Hause aus anrief, stellte sich heraus, dass sie weder von einem angeblichen Lottogewinn wusste noch über den Urlaub informiert gewesen war. Einer der Freunde nahm den Anruf entgegen, da Miro noch auf der Party geblieben war. Als man ihn später darauf ansprach, reagierte Miro aggressiv und ausfällig. Er habe sich kaum noch beruhigen lassen und wirkte schließlich zunehmend durcheinander und verwirrt.

© Der/die Autor(en), exklusiv lizenziert an Springer-Verlag GmbH, DE, ein Teil von Springer Nature 2026
K. Stolfi, T. Schnell, *Bipolare Störungen*, essentials,
https://doi.org/10.1007/978-3-662-73060-7_1

Einer der Freunde beschreibt: „Seine Sätze wurden unverständlich, er begann mitten im Satz einen neuen Gedanken und führte keinen zu Ende. "Am nächsten Tag habe sich die Situation zunächst etwas beruhigt, doch Miro sei zunehmend sonderbarer geworden. Er habe einen Makler bestellt, da er angeblich eine Wohnung für sich und seine Freunde kaufen wolle. Mit welchem Geld dies geschehen solle, blieb unklar. Wiederholt habe er gesagt: „Was sollen wir in Deutschland, diesem öden Molloch? Ich hole euch da raus. Das ist meine Bestimmung."

Unter einem Vorwand gelang es den Freunden schließlich, Miro zu einer letzten gemeinsamen Heimreise zu überreden, die direkt in die Uniklinik führte. Dem Geschick des aufnehmenden Arztes ist es zu verdanken, dass Miro sich bereit erklärte, zunächst probeweise für einige Tage zu bleiben. Die Diagnose wurde daraufhin in eine bipolare affektive Störung, gegenwärtig manische Episode, geändert. ◄

Bipolare (affektive) Störungen stellen eine komplexe Gruppe chronisch-rezidivierender Erkrankungen dar, deren Leitsymptom episodische Wechsel der Stimmung sind (Marwaha et al. 2013). Im Durchschnitt wechseln 6–9 Monate andauernde depressive Episoden mit etwas kürzeren (hypo-)manischen oder gemischten Episoden ab (Czempiel et al. 2024), wobei sich dazwischen unterschiedlich lange symptomfreie Phasen finden. Betroffene leiden infolgedessen unter erheblichen Beeinträchtigungen ihrer Lebensführung (McIntyre et al. 2020). Unterschieden werden die **Bipolar-I-Störung** bei der alle Schweregrade affektiver Episoden auftreten können, sowie die **Bipolar-II-Störung** bei der sich der manische Pol ausschließlich in *hypomanischen Ausprägungen* zeigt (WHO 2000).

Manien sind in der Regel über mehrere Wochen anhaltende Zustände, die situationsunabhängig durch eine euphorische oder gereizte Stimmung, gesteigertes Selbstbewusstsein einschließlich Größenideen, erhöhte Aktivität, Rededrang sowie ein deutlich vermindertes Schlafbedürfnis gekennzeichnet sind (WHO 2000). Bei schwer verlaufenden Formen können zusätzlich psychotische Symptome wie Wahnvorstellungen oder akustische Halluzinationen in Form von Stimmenhören auftreten (Engelmann et al. 2022). Hypomanische Episoden stellen mildere Ausprägungen manischer Zustände dar. Im Gegensatz zu depressiven Episoden werden manische Zustände von Betroffenen häufig als angenehm erlebt, weshalb die Krankheitseinsicht gering ist und ärztliche Hilfe nur selten in Anspruch genommen wird (Anderson et al. 2012). Depressive Episoden stellen demgegenüber eine Umkehr der bei Manien beobachteten Veränderungen dar: Eine niedergedrückte Stimmung geht mit Antriebs- und Interessenverlust sowie verminderter Freude einher.

Innerhalb des bipolaren Spektrums ist zudem die Zyklothymie zu verorten. Diese ist durch wiederkehrende Phasen hypomaner Symptome und leichter depressiver Verstimmung über einen Zeitraum von mindestens zwei Jahren gekennzeichnet, die jedoch weder hinsichtlich ihrer Schwere noch ihrer Dauer die Kriterien für die Diagnose einer Depression oder einer bipolaren Störung erfüllen (Anderson et al. 2012).

Bereits im 5. Jahrhundert v. Chr. hat Hippokrates von Kos die Melancholie (heutige Depression) und die Mania (übersetzbar als „Raserei", heutige Manie) beschrieben. Melancholie führte er auf überschüssige schwarze Galle zurück, die ins Gehirn eindringe und Schwermut verursache. Manie und Melancholie zählen zu den frühesten dokumentierten psychischen Störungen (Marneros und Angst 2000) und Hippokrates war der erste, der diese Zustände systematisch dokumentierte. Im 2. Jahrhundert v. Chr. prägte der griechische Arzt Aretaeus von Kappadokien den Begriff „Zyklothymie", mit dem er den Stimmungswechsel zwischen Manie und Depression kennzeichnete.

▶ **Wichtig: Begriffsklärung Zyklothymie** Der Begriff „Zyklothymie" wurde früher synonym zur Beschreibung der manisch-depressiven Erkrankung verwendet. Heute sprechen wir von „zyklothymer Störung" oder „Zyklothymia" bei einer mindestens zwei Jahre andauernden Störung mit Stimmungswechseln zwischen dem depressiven und manischen Pol in einem deutlich reduzierten Maße. Sie erfüllen nicht die Kriterien für leichte Depression oder hypomane Episode, sind aber ausgeprägter als gesunde Stimmungswechsel (Brieger und Marneros 1997).

1851 griff der französische Psychiater und einer der Begründer der modernen Psychiatrie, Jean-Pierre Falret, die Idee von Aretaeus auf und beschrieb die „la folie à double forme" (zirkuläres Irresein) als Wechsel zwischen Depressionen, Manien und Phasen eines gesunden Intervalls. Schließlich markierten die wegweisenden Arbeiten des deutschen Psychiaters Emil Kraepelin im 20. Jahrhundert den Beginn einer ersten wissenschaftlichen Auseinandersetzung mit dem Störungsbild. Kraepelin unterschied zwischen affektiven und schizophrenen Erkrankungen. Er bezeichnete 1896 die bipolare Störung als „circuläres Irresein" oder auch „manisch-depressives Irresein", wobei er auch schon **Mischzustände** erkannte, bei denen manische und depressive Symptome gleichzeitig vorkommen. Seine Konzeption affektiver Störungen ist der heutigen sehr ähnlich und umfasst sowohl die **unipolare Depression,** sprich die Major Depression, sowie die **bipolaren Störungen,** die manische und depressive Episoden kombinieren (Marneros und Angst 2000). Auch Kraepelin sah schon in Manien und Depressionen Ausdrucksformen ein und derselben Grunderkrankung.

In den 1960er-Jahren differenzierten Forschende wie Jules Angst, Carlo Perris und George Winokur weiter aus, dass **unipolare** und **bipolare** affektive Störungen epidemiologisch, klinisch und prognostisch unterschiedliche Merkmale aufweisen. Diese Unterscheidung wurde später in den Klassifikationssystemen DSM-IV und ICD-10 übernommen, in denen die Gruppe der affektiven Störungen in unipolare und bipolare Formen unterteilt wurde (Brieger 2007). Bis heute bestätigen zahlreiche Familienstudien, Zwillings- und Adoptionsstudien, biologische Markerstudien und Studien zum Verlauf, zum Ansprechen auf Behandlungsmaßnahmen und Prognose, die Unterteilung in unipolare und bipolare affektive Störungen (Hautzinger 2025).

Langzeitstudien zur bipolaren Störung zeigen, dass die Störung einen sehr ungünstigen Verlauf nimmt, wenn sie nicht früh erkannt und gut behandelt wird: Mit zunehmender Anzahl an Episoden verstärken sich die Schweregrade der affektiven Symptome. Insbesondere Häufigkeit und Dauer depressiver Episoden nimmt zu, was mit deutlich erhöhter Suizidalität assoziiert ist (Miller und Black 2020). Grundsätzlich geht die Störung mit einer Verschlechterung des psychosozialen Funktionsniveaus einher (Judd et al. 2000, 2002; Judd und Akiskal 2000). So zählt die bipolare Störung neben den schizophrenen Psychosen zu den psychischen Erkrankungen, die am häufigsten zu Behinderung und Arbeitsunfähigkeit führen (Hayes et al. 2015). Besonders herausfordernd für Betroffene, Angehörige und BehandlerInnen ist das häufig vollständige Fehlen eines Krankheitsbewusstseins bei den PatientInnen (Falkai et al. 2022). Zumindest gilt das für die manischen Episoden. Oft vergehen Jahre, bevor eine stabile Anbindung an das Gesundheitssystem erfolgt, was den Krankheitsverlauf zusätzlich erschweren und die Behandlung vor erhebliche Herausforderungen stellen kann (Meyer und Hautzinger 2013).

Zwischenfazit

Bipolare Störungen stellen ein komplexes, historisch seit Jahrhunderten beschriebenes Krankheitsbild dar, das durch wiederkehrende manische, depressive und gemischte Episoden geprägt ist. Das hohe Risiko für einen chronischen Verlauf, das häufig fehlende Krankheitsbewusstsein und die gravierenden Folgen für psychosoziales Funktionieren ebenso wie die hohe Mortalität verdeutlichen die besondere klinische und gesellschaftliche Relevanz einer frühzeitigen Diagnose und Intervention.

Klassifikation und Diagnostik

Bei den sogenannten rezidivierenden affektiven Störungen werden ausschließlich die rezidivierende depressive Störung sowie die bipolare Störung unterschieden. Eine eigenständige Diagnose für rezidivierende Manien existiert nicht, da dieser Verlaufstyp extrem selten ist. Verläufe mit ausschließlich manischen Episoden werden den bipolaren Störungen zugeordnet (Hättenschwiler et al. 2009). Hintergrund hierfür ist die Beobachtung, dass bei zunächst rein manischen Verläufen im weiteren Krankheitsverlauf in der Regel auch depressive Episoden auftreten. Zudem weisen unipolar-manische und bipolare Verläufe zahlreiche Gemeinsamkeiten auf, insbesondere im Hinblick auf das Erkrankungsalter und den Krankheitsverlauf. Demgegenüber nimmt die unipolare Depression eine Sonderstellung ein und scheint sich in diesem Zusammenhang deutlich von den bipolaren Störungen abzugrenzen (siehe nachfolgender Kasten).

> **Interessant: Bipolare Störungen und Depression – fragliche Verwandtschaft?**
> Obwohl die Studienlage bislang nicht abschließend belastbar ist, gibt es Hinweise darauf, dass die bipolare Störung der Schizophrenie in mehreren Aspekten ähnlicher ist als der unipolaren Depression. Sowohl genetische als auch epidemiologische Befunde stützen diese Annahme: Bei bipolaren Störungen und Schizophrenie zeigt sich ein ausgeglichenes Geschlechtsverhältnis, ein Erkrankungsbeginn häufig im frühen Erwachsenenalter (Anfang der 20er-Jahre) sowie eine Lebenszeitprävalenz von etwa 1–2%. Demgegenüber sind von der unipolaren Depression etwa doppelt so viele Frauen betroffen wie Männer, das durchschnittliche Erkrankungsalter liegt deutlich höher und die Lebenszeitprävalenz beträgt etwa 15–25%.

> Diese Befunde legen nahe, dass depressive Episoden im Rahmen einer bipolaren Störung möglicherweise qualitativ von depressiven Episoden bei einer unipolaren affektiven Störung zu unterscheiden sind. Diese Annahme wirft grundlegende konzeptuelle Fragen auf, die bislang nicht abschließend geklärt werden können.
>
> In dieses Bild fügt sich jedoch der Befund, dass depressive Episoden bei bipolar erkrankten Personen häufig mit vermehrtem Schlafbedürfnis (Hypersomnie) einhergehen, während bei unipolarer Depression typischerweise eine Schlafverkürzung (Hyposomnie) beobachtet wird.

2.1 Symptomatik

2.1.1 Manie und Hypomanie

Leitsymptom der Manie ist eine situationsinadäquat gehobene Stimmung, die von Heiterkeit bis hin zu nahezu unkontrollierbarer Erregung und Reizbarkeit reichen kann (Meyer und Bauer 2020). Weitere Symptome sind gesteigerter Antrieb, beschleunigtes Denken (Ideenflucht) und ausgeprägte Selbstüberschätzung. Häufig wird die euphorische Stimmung von Hyperaktivität, starkem Rededrang (Logorrhö) und einem deutlich verminderten Schlafbedürfnis begleitet. Rededrang und Einfallsreichtum können sich dabei bis zur Ideenflucht steigern (Bauer et al. 2017). Die Selbstüberschätzung geht oft mit Größenideen oder übertriebenem Optimismus einher. Zudem fällt es den Betroffenen schwer, ihre Aufmerksamkeit aufrechtzuerhalten, wodurch sie leicht ablenkbar werden (Czempiel et al. 2024). Die gehobene Stimmung kann leicht kippen und in eine dysphorisch-gereizte Stimmung übergehen. Betroffenen wirken dann irritiert und misstrauisch. Es kann zu Enthemmungen in Form von starkem Rededrang, gesteigerter Sexualität, sozialer Distanzlosigkeit sowie impulsivem Verhalten in Form von unkontrolliertem Geld ausgeben, Glücksspiel oder unüberlegten geschäftlichen Entscheidungen kommen. Finanzielle Problemen bis hin zum völligen Ruin können resultieren (Falkai et al. 2022). Das belastet die Betroffenen ebenso wie das soziale Umfeld. Zudem entstehen volkswirtschaftliche Kosten durch Fehlkäufe, wie den Erwerb mehrerer Autos, die nicht selten in gerichtlichen Auseinandersetzungen enden können.

In schweren Verlaufsformen können psychotische Symptome wie Wahnvorstellungen (meist Größenwahn) und Halluzinationen (meist Stimmenhören) auftreten. Während Betroffene bei leichteren hypomanischen Ausprägungen ihre Mitmenschen durchaus noch in ausgiebige Gespräche verwickeln können ist bei starker manischer Ausprägung durch formalgedankliche Ideenflucht und Zerfahrenheit eine normale Kommunikation kaum noch möglich.

▶ **Wichtig: Manie und Schuldfähigkeit** Betroffene mit Manie können rechtlich als schuldunfähig und testierunfähig gelten, da sie aufgrund ihrer Erkrankung oft nicht in der Lage sind, die Konsequenzen ihrer Handlungen, wie etwa den Abschluss von Kaufverträgen, zu beurteilen. Ihre Fähigkeit, wirksame Rechtsgeschäfte abzuschließen, ist beeinträchtigt.

Hypomanien, die charakteristisch für die Bipolar-II-Störung sind, stellen weniger stark ausgeprägte Formen der Manie dar (WHO 2000). Sie bewirken zwar deutliche und beobachtbare Veränderungen im Verhalten der Betroffenen, führen jedoch in der Regel nicht zu einer erheblichen Beeinträchtigung der psychosozialen Leistungsfähigkeit. Hypomanien können sich durch eine gesteigerte Euphorie, erhöhten Antrieb sowie ein ausgeprägtes Gefühl von Wohlbefinden und gesteigerter seelischer und körperlicher Leistungsfähigkeit äußern (WHO 2000). Besonders bei KünstlerInnen oder Geschäftsleuten können diese Phasen positive Effekte auf Kreativität, Aktivität und Ideenreichtum haben (Meyer und Bauer 2020). Betroffene fühlen sich leistungsfähig und gesund und sehen oft keinen Grund, einen Arzt aufzusuchen. Hypomanien gehen zudem nicht mit psychotischen Symptomen einher.

> **Zusammenfassung: (Hypo-)manisches Syndrom (in Anlehnung an Meyer und Bauer 2020)**
>
> Affektive Ebene
> - Euphorisch gestimmt, enthemmt, frech, lustig, überzogen, angstfrei, sorglos, optimistisch, expansiv, aber auch gereizt und misstrauisch
>
> Kognitive Ebene
> - Positive bis extreme optimistische Einstellung, positive (unrealistische) Sichtweise der eigenen Person, der eigenen Fähigkeiten und der Zukunft, Gedankenrasen, Gedankendrängen, Ideenflucht, Ablenkbarkeit, Impulsivität, Größenideen, wahnhafte Selbstüberschätzung, eingeschränkte Risikoeinschätzung
>
> Verhalten und Antrieb
> - Sprache: laut, drängend, deftig, beleidigend, unterbrechend, konfrontierend
> - Aktivität: gesteigert, wechselnd, unruhig, ruhelos, wenig zielgerichtet, unterhaltsam, im Mittelpunkt, gesellig

- Körperhaltung: kraftvoll, aufrecht, gespannt, unruhig, hektisch, zappelig, getrieben, kann nicht stillsitzen
- Gesichtsausdruck: mimisch lebhaft bis überzogen, aufdringlich, eindringlich Körperlich-vegetative Ebene
- Geringes bis fehlendes Schlafbedürfnis, hektisch, voller Energie, angespannt, erregt, reduzierter Appetit, Gewichtsverlust, Hypersexualität

2.1.2 Depression im Rahmen einer bipolaren Störung

Obschon eingangs in diesem Kapitel darauf hingewiesen wurde, dass die Verwandtschaft zwischen unipolarer Depression und der bipolaren Störung möglicherweise gering ist, weisen depressive Episoden im Rahmen einer bipolaren Störung dennoch die gleichen Symptome auf wie unipolare depressive Episoden, auch wenn vermehrt atypische Ausprägungen der Symptome bei bipolaren Verläufen berichtet werden (z.B. Hypersomnie).

Die Klassifikationssysteme (ICD-10, ICD-11, DSM-5) legen für unipolare und bipolare Depression dieselben Kriterien zugrunde (Brieger 2007). Nach den ersten depressiven Episoden, wenn noch nie eine Manie aufgetreten ist, kann diagnostisch nicht valide eingeschätzt werden, ob es sich um einen rezidivierenden unipolaren Verlauf handelt oder um eine bipolare Störung. Vage Anzeichen für einen bipolaren Krankheitsverlauf sind das gehäufte Auftreten einer atypischen Symptomatik mit Hypersomnie und Gewichtszunahme, ein früher Beginn der Erkrankung und Therapieresistenz im Krankheitsverlauf (Paulzen et al. 2019).

Leitsymptome bei Depression sind niedergedrückte Stimmung, Interessenverlust sowie Freudverlust (Anhedonie). Antriebslosigkeit ist im neuen Klassifikationssystem ICD-11 kein Kardinalsymptom mehr, tritt dennoch häufig auf. Ansonsten sind Selbstzweifel, Selbstwertdefizite, Konzentrations- und Aufmerksamkeitsprobleme und Grübelneigungen weitere Symptome (Schneider et al. 2017).

Die Symptome der depressiven Episode betreffen nicht nur den affektiven Bereich, sondern erstrecken sich auch auf den somatischen (vegetativ und psychomotorisch), motivationalen, kognitiven, behavioralen und sozialinteraktiven Funktionsbereich (Hautzinger 2025). Betroffene zeigen ein starkes Rückzugsverhalten und verspüren eine ausgeprägte Müdigkeit nach bereits kleinen Anstrengungen. Der Appetit ist häufig vermindert und der Schlaf gestört (WHO 2000).

Zusammenfassung: Depressives Syndrom (Hautzinger 2025)

vegetative/psychomotorische Symptome
- z. B. Schlafstörungen, Appetitlosigkeit, Druck- und Engegefühl in der Herzgegend, Schmerzen im Kopf- und Bauchbereich, Magen-Darmbeschwerden

motorische/verhaltensbezogene Symptome
- z. B. Agitation, Verlangsamung, Hemmungen, Inaktivität

emotionale/affektive Symptome
- z. B. Angst, niedergeschlagene Stimmung, Verzweiflung, Leere

motivationale/volitionale Symptome
- z. B. Interessenverlust, Antriebslosigkeit, Entschlussunfähigkeit, Suizidgedanken

kognitive/mentale Symptome
- z. B. Gedächtnisschwäche, Konzentrationsmangel, Selbstvorwürfe, Schuldgefühle, Pessimismus, Sorgen um die eigene Gesundheit, die eigenen Fähigkeiten und die Zukunft

interaktive/zwischenmenschliche Symptome
- z. B. sozialer Rückzug, leise Stimme, geringer Blickkontakt, Einengung kommunikativer Fähigkeiten und sozialer Fertigkeiten

2.2 Diagnostik

Das neue Klassifikationssystem ICD-11 trat nach einem mehrjährigen Revisionsprozess im Jahr 2022 in Kraft. Es haben erhebliche Angleichungen an das amerikanische DSM-5 stattgefunden, das seit 2013 offiziell ist, und 2022 eine Revision erfahren hat (APA 2022). Die Vereinheitlichung ist sinnvoll, damit die internationale Forschung mit vergleichbaren Kriterien arbeitet. Die ICD-11 beziffert das Kapitel für „Psychische Störungen, Verhaltensstörungen oder neuronale Entwicklungsstörungen" mit der Zahl 06 anstelle des Buchstabens F wie zuvor in der ICD-10 (WHO 2019, 2022). In der ICD-11 fallen die bipolaren Störungen weiterhin unter das Kapitel „Affektive Störungen", welches zweiteilig aufgegliedert wird in **„Bipolare und verwandte Störungen" (6A6)** und anschließend in **„Depressive Störungen" (6A7;**siehe Tab. 2.1).

Angaben von aktuell präsenten Episoden im Rahmen bipolarer Störungen in der ICD-11:

Tab. 2.1 Auflistung der bipolaren und verwandten Störungen in der ICD-11 (Restkategorien werden hier nicht genannt)

Bipolare und verwandte Störungen	
Code	Bezeichnung
6A60	Bipolare Typ I Störung
6A61	Bipolare Typ II Störung
6A62	Zyklothyme Störung

Bei Bipolar I und II wird jeweils angegeben, **welche Episode beider Pole aktuell präsent** ist, d. h. ob **depressiv (leicht, mittel oder schwer),** oder ob **hypomanisch oder manisch** (bei Bipolar II gibt es nur hypomanisch).

Bei Bipolar I kann zudem eine **gemischte Episode** angegeben werden, gekennzeichnet durch depressive und manische Symptome, die entweder gleichzeitig oder rasch abwechselnd (z. B. im 48-Stunden Rhythmus) auftreten. Die Symptomatik muss mindestens zwei Wochen andauern. Psychotische Symptome (in Form von Wahn und Halluzinationen) können im Rahmen der Bipolar-I-Störung zusätzlich angegeben werden mit der fünften Stelle des Kodierschlüssels (6A60.**9**: ohne psychotische Symptome; 6A60.**A:** mit psychotischen Symptomen; WHO 2019, 2022).

In der ICD-10 gehörten die gemischten Episoden noch in die Restkategorie „Andere affektive Störungen" (F38.8).

2.2.1 Manie und Hypomanie im Rahmen einer Bipolar Typisierung

Die Diagnose einer bipolaren Störung erfordert das Vorhandensein einer (hypo)manischen Episode. Anschließend werden auch die depressive Episoden im Rahmen des bipolaren Verlaufs gewertet. Bis zum Auftreten der Manie sind depressive Episoden zunächst nur unipolar affektiv einzuordnen. Damit ist der Diagnostik der (hypo)manische Episode ein zentraler Stellenwert beizumessen.

▶   **Wichtig: Diagnose einer (hypo)manischen Episode entfällt in der ICD-11** Während die ICD-10 noch eine eigenständige Diagnose für eine einzelne (hypo)manische Episode vorsah und die Diagnose einer bipolaren Störung erst ab dem Auftreten einer zweiten affektiven Episode gestellt wurde, wird in der ICD-11 bereits mit der ersten manischen Episode eine bipolare Störung diagnostiziert. Hintergrund dieser Änderung ist die Erkenntnis, dass nach dem erstmaligen Auftreten einer (hypo)manischen Episode mit hoher Wahrscheinlichkeit ein bipolarer Krankheitsverlauf folgt.

Für die Diagnose einer manischen Episode gibt es, anders als bei unipolaren depressiven Störungen, keine numerisch festgelegten Diagnosekriterien wie beispielsweise „mindestens 5 von 9 Symptomen müssen vorliegen". Stattdessen basiert die Diagnosestellung auf einer Auflistung prototypischer Symptome (Freyer et al. 2024). Für die Bipolar Typ I-Manie müssen die beiden „Entry Level Symptome" an den meisten Tagen über mindestens 1 Woche durchgehend vorhanden sein (siehe Kasten, wichtig: Diagnosekriterien der Manie). Zusätzlich müssen weitere Symptome (in nicht definierter Anzahl) eine signifikante Veränderung im Verhalten und Erleben der Betroffenen bewirken (Freyer et al. 2024).

▶ **Wichtig: Diagnosekriterien der Manie**
   Entry Level Symptome (Freyer et al. 2024)

1. Ein extremer Stimmungszustand, der durch Euphorie, Reizbarkeit oder expansives Verhalten gekennzeichnet ist und eine signifikante Veränderung der typischen Gestimmtheit der Betroffenen bedingt. Sie zeigen typischerweise einen raschen Wechsel zwischen unterschiedlichen Stimmungszuständen.
2. Erhöhte Aktivität oder ein subjektives Erleben gesteigerter Energie gegenüber dem personentypischen Energieniveau.

Weitere Symptome
- Beschleunigte Sprache, erhöhter Rededrang
- Ideenflut oder das Erleben rascher oder rasender Gedanken
- Gesteigertes Selbstwertgefühl oder Grandiosität. In psychotischen Zuständen der Manie kann es zu manifestem Größenwahn kommen.
- Vermindertes Schlafbedürfnis
- Ablenkbarkeit
- Impulsives, rücksichtsloses Verhalten
- Gesteigerte Sexualität und Geselligkeit sowie darauf ausgerichtete Aktivitäten

Die Diagnosekriterien der Bipolar Typ II Störung in der ICD-11 verlangen das Vorliegen mindestens einer hypomanischen und einer depressiven Episode „über einige Tage", ohne die bisher in der ICD-10 festgelegte Mindestdauer von vier Tagen zu fordern (Walter et al. 2024). Bei einer hypomanischen Episode treten dieselben Symptome wie bei einer Manie auf, jedoch in abgeschwächter Form. Dadurch sind die Beeinträchtigungen im beruflichen und sozialen Funktionsniveau weniger stark ausgeprägt (Freyer et al. 2024).

2.2.2   Depressive Episoden im Rahmen einer Bipolar Typisierung

Phänomenologisch lässt sich die bipolare depressive Episode kaum von der unipolaren depressiven Episode unterscheiden und weist in der ICD-11 die gleichen Diagnosekriterien auf.

Folgendes ist für die Diagnose einer depressiven Episode zu beachten:

- Es müssen mindestens **fünf von zehn Symptomen über mindestens zwei Wochen,** fast den ganzen Tag, fast jeden Tag vorhanden sein
- Die ICD-11 unterscheidet die zehn Kriteriensymptome erstmals in:
  a) **ein affektives Cluster:** depressive Verstimmung, deutlicher Verlust von Interesse oder Freude an Alltagsaktivitäten
  b) **ein kognitiv-verhaltensbasiertes Cluster:** verminderte Konzentration oder verringerte Entscheidungsfähigkeit, Verlust des Selbstwertgefühls oder exzessive oder unangemessene Schuldgefühle, Hoffnungslosigkeit gegenüber der Zukunft, wiederkehrende Gedanken an den Tod, Suizidgedanken oder Suizidversuch
  c) **ein neurovegetatives Cluster:** deutliche Schlafstörungen jeder Art, deutliche Appetit- oder Gewichtsveränderungen, psychomotorische Agitiertheit oder Hemmung und reduzierte Energie oder Erschöpfung.
- Mindestens eines dieser Symptome muss eine depressive Verstimmung oder ein deutlicher Verlust von Freude bzw. Interesse an Alltagsaktivitäten darstellen (Leitsymptome).
- Antriebslosigkeit ist in der ICD-11 den neurovegetativen Begleitsymptomen zugeordnet.
- Hoffnungslosigkeit wurde in der ICD-11 neu als Begleitsymptom aufgenommen.
- Der Verlust von Selbstwertgefühl und Schuldgefühle werden nicht mehr als getrennte Kriteriensymptome berücksichtigt.

▶ **Wichtig: Was ist neu in der ICD-11-Diagnose der depressiven Episode?**
Die Mindestanzahl an Symptomen für eine leichte depressive Episode wurde an das DSM-5 angeglichen und liegt nun bei fünf von zehn Symptomen. In der ICD-10 waren hierfür lediglich vier Symptome erforderlich. Mindestens eines der Symptome muss ein Leitsymptom sein; in der ICD-10 waren noch zwei Leitsymptome vorgesehen.

Eine Störung des Antriebs gilt nicht mehr als Leitsymptom. Damit verbleiben zwei Leitsymptome: eine niedergedrückte Stimmung sowie ein deutlicher Verlust von Freude oder Interesse an Alltagsaktivitäten.

Für mittelgradige und schwere depressive Episoden **wird keine feste Anzahl an Kriteriensymptomen mehr gefordert.** Stattdessen sollen der Grad der funktionellen Beeinträchtigung sowie die Schwere der Symptomatik klinisch beurteilt werden.

Psychotische Symptome können bereits bei mittelgradiger Ausprägung der Depression auftreten.

2.2.3 Zyklothyme Störung

Die zyklothyme Störung (6A62) ist ein weiteres Störungsbild in der Gruppe der bipolaren Störungen. Sie ist durch eine mindestens zwei Jahre anhaltende Instabilität der Stimmung gekennzeichnet, die zwischen hypomanischen und depressiven Phasen schwankt, jedoch nie schwer oder lang genug ausgeprägt ist, um die Kriterien einer bipolaren Störung (F31) zu erfüllen. Das Risiko, im Verlauf eine bipolare affektive Störung zu entwickeln, ist jedoch erhöht (APA 2000).

Obwohl wiederkehrende hypomanische und leichte depressive Symptome über einen Zeitraum von zwei Jahren und länger auftreten, erfüllen die Symptome nicht die Kriterien einer Bipolar Störung Typ II (Freyer et al. 2024).

Neu in der ICD-11 ist, dass die zyklothyme Störung losgelöst ist von ihrer alten ICD-10 Kategorie „Anhaltende affektive Störungen" (F34). Sie ist nun eine eigenständige diagnostische Entität innerhalb der Gruppe der bipolaren Störungen (Freyer et al. 2024).

2.2.4 Zusätzliche diagnostische Angaben bei Bipolar I und Bipolar II

Kodierung der psychotischen Symptomatik

Psychotische Symptome (Wahn und Halluzinationen) können bei Bipolar-I bei 50–90% der manischen Episoden auftreten (DGBS und DGPPN 2020), bei mittleren und schweren depressiven Episoden (im Rahmen von Bipolar I und II), sowie bei gemischten Episoden (im Rahmen von Bipolar I). In der ICD-11 wird für diese Episoden jeweils differenziert, ob „mit psychotischen Symptomen" versus „ohne psychotische Symptome".

Neu ist in der ICD-11, dass psychotische Symptome bereits bei mittlerem Schweregrad einer Depression angegeben werden können. Anders als bei Schizophrenien sind die Wahnformen bei affektiven Störungen meist synthym, d.h. stimmungskongruent (siehe Kasten) und weniger bizarr (Correll et al. 2007).

▶ **Wichtig: Synthyme psychotische Symptome bei affektiven Störungen** Psychotische Symptome bei affektiven Störungen sind zu 80–90% stimmungskongruent (synthym). Bei Depression sind synthyme Wahnformen der Schuldwahn, hypochondrischer Wahn, Verarmungswahn oder nihilistischer Wahn. Bei Manie ist der synthyme Wahn häufig ein Größenwahn oder Abstammungswahn. Wenn Betroffene stark misstrauisch sind, kann auch Verfolgungswahn vorkommen.

Rapid-Cycling Verlauf

Die Zusatzkodierung „Rapid Cycling" (6A80.5) beschreibt einen Verlauf, bei dem innerhalb eines Jahres mindestens vier affektive Episoden auftreten. Diese Verlaufsform ist klar von gemischten Episoden abzugrenzen, bei denen depressive und manische Symptome innerhalb eines Tages oder von Tag zu Tag rasch wechseln oder gleichzeitig auftreten (Freyer et al. 2024). Rapid Cycling ist für Betroffene extrem belastend, da es so gut wie nie ruhige Phasen gibt. Daher ist hier die Suizidrate auch besonders hoch.

> **Rapid Cycling als Verlaufstyp** Bei Rapid-Cycling handelt es sich explizit nicht um eine eigenständige Diagnose. Es beschreibt, anzugeben über einen zusätzlichen Spezifizierer (oder Qualifier), die spezifische Verlaufsform im Rahmen einer bipolaren Störung, bei der sehr schnelle Phasenwechsel vorkommen.

2.2.5 Diagnostische Verfahren

Für die Diagnostik bipolarer Störungen werden sowohl der aktuelle psychische Zustand als auch biografische Informationen der betroffenen Person berücksichtigt (Meyer und Bauer 2020). Wie bei anderen psychischen Störungsbildern wird der Einsatz strukturierter und standardisierter Interviews empfohlen, um eine ausreichende Reliabilität der Diagnosestellung zu gewährleisten (Meyer und Bauer 2020). Entsprechende Screening-Instrumente können bereits im Vorfeld Hinweise darauf liefern, inwieweit in der Anamnese das Vorliegen einer (hypo)manischen Episode wahrscheinlich ist. In Deutschland stehen zwei evaluierte Screening-Instrumente zur Verfügung, die anhand festgelegter Cut-off-Werte eine erste Einschätzung darüber ermöglichen, ob der Verdacht auf eine bipolare Störung besteht und somit eine weiterführende Diagnostik notwendig ist (Meyer und Bauer 2020).

Zum einen handelt es sich um den **„Mood Disorder Questionnaire"** (MDQ; Hirschfeld et al. 2000), zum anderen um die **„Hypomanie-Checkliste-32"** (HCL-32; Angst et al. 2005). Beide Instrumente dienen der systematischen Erfassung (hypo)manischer Symptome in der Vorgeschichte und werden insbesondere in der Differenzialdiagnostik bei depressiven Syndromen eingesetzt. Im Falle einer diagnostizierten bipolaren Störung empfehlen die aktuellen Leitlinien eine sorgfältige und fortlaufende Dokumentation des psychischen Zustands von Betroffenen im Verlauf der Erkrankung (DGBS und DGPPN 2020). Dabei sollte abhängig von der Behandlungsphase sowie dem Schweregrad der Symptomatik individuell entschieden werden, in welcher Frequenz standardisierte und evaluierte Diagnoseinstrumente zum Einsatz kommen. Für eine verlässliche und valide Verlaufsdiagnostik sollte mindestens ein Fremdbeurteilungsinstrument zur Erfassung depressiver und manischer Symptome durch die behandelnde Person eingesetzt werden (DGBS und DGPPN 2020). Ergänzend stellt das kontinuierliche Führen eines Stimmungstagebuchs durch die Betroffenen eine wichtige Voraussetzung für eine Verlaufsdiagnostik dar (DGBS und DGPPN 2020). Neben der täglichen Stimmung können darin zusätzlich die Medikation, Schlafqualität, das Aktivitätsniveau sowie relevante Ereignisse oder Stressoren dokumentiert werden. Auch soll eine regelmäßige Erfassung kognitiver Defizite bei PatientInnen erfolgen, da diese laut Studienlage in akuten Krankheitsphasen bei einem erheblichen Anteil an Betroffenen belegt werden konnte (Bauer et al. 2015; Volkert et al. 2015).

Drei weitere Skalen mit unterschiedlichen Zielsetzungen können als Diagnoseinstrumente für bipolare Störungen eingesetzt werden.

Die weiterentwickelte **„Allgemeine Depressions-Manieskala"** (ADMS; Meyer und Hautzinger 2001) ist ein Fremdbeurteilungsinstrument, das dazu dient, über ein Antwortformat und einen zeitlichen Bezugsrahmen Ergebnisse für (Hypo)manie und Depression im Verlauf der Erkrankung zu erzielen. Die (Hypo)manie wird mit 9 Items erhoben. Die Skala hat sich als regelmäßiger Wochenrückblick in Kombination mit einem eingesetzten Stimmungstagebuch in der Therapie als sehr hilfreich erwiesen.

Um die subjektive Stimmung und den Eindruck im **Stimmungstagebuch** zu erfassen, wurde die **„Internal State Scale"** (ISS; deutsch: Meyer und Hautzinger 2013) für die Verlaufsdiagnostik entwickelt. Sie ist ein Selbstbeurteilungsinstrument, um manische, depressive oder gemischte Zustände direkt vom Betroffenen zu erfassen. Die ISS besteht aus 16 Items. Jede Aussage wird auf einer visuellen Analogskala von den PatientInnen mit einem Kreuz bewertet, beispielsweise mit „Heute fühlte ich mich richtig großartig" oder „Heute war meine Stimmung wechselhaft". Ziel ist es, PatientInnen durch tägliche Einschätzungen darauf zu sensibilisieren, zwischen normalen und auffälligen langfristigen Stimmungsschwankungen differenzieren zu können. Die ISS kann in Kombination mit der Allgemeinen Depressions-Manieskala in der Therapie genutzt werden.

Ebenfalls in gemeinsamer Nutzung mit dem **Stimmungstagebuch** kann die **„Social Rhythm Metric"** (SRM; deutsch: Meyer und Hautzinger 2013) verwendet werden, die zur prospektiven Erfassung des Alltags und des Tagesablaufs entwickelt wurde. Mit der SRM können Schlafzeiten, Arbeitszeiten, sonstige tägliche Aktivitäten sowie die regelmäßige Medikamenteneinnahme dokumentiert werden.

▶ **Wichtig: Das Stimmungstagebuch**   Das **Stimmungstagebuch** sollte von PatientInnen zu jeder Behandlungsstunde mitgebracht werden und von dem/r BehandlerIn regelmäßig angeschaut werden, sodass sich mit dem/der PatientIn darüber ausgetauscht werden kann (DGBS und DGPPN 2020). Mittlerweile existieren zahlreiche Vorlagen für die Verwendung des Stimmungstagebuchs, wie etwa die vom National Institute of Mental Health (NIMH) entwickelte „**Life Charting Method**" (LCM). In der Praxis hat sich jedoch häufig gezeigt, dass ein individuell angepasstes Stimmungstagebuch besonders hilfreich sein kann. Durch eine personalisierte Gestaltung steigt nicht nur die Vertrautheit der PatientInnen mit dem Dokumentationsprozess, sondern auch die Bereitschaft zur kontinuierlichen Mitarbeit.

2.3   Komorbiditäten

Bipolare Störungen treten häufig in Kombination mit weiteren somatischen oder psychiatrischen Erkrankungen auf. Eine große epidemiologische Studie hat ergeben, dass es kaum bipolare PatientInnen ohne komorbide Störungen gibt (Merikangas et al. 2007). Begleiterkrankungen

- erschweren die therapeutische Arbeit mit der Primärstörung,
- verlängern Verweilzeiten in der Klinik,
- verschlechtern Responderaten (Seemüller et al. 2018)

ForscherInnen berichten allgemein, dass Betroffene mit bipolarer Störung ein erhöhtes Risiko aufweisen, multiple somatische Erkrankungen zu entwickeln (Carney und Jones 2006). Unbehandelte somatische Begleiterkrankungen verkürzten in einer schwedischen Kohortenstudie die Lebenserwartung bipolarer PatientInnen im Durchschnitt um neun Jahre im Vergleich zur Allgemeinbevölkerung (Crump et al. 2013). Ein Risikofaktor ist der häufig ungesunde Lebensstil, der nicht nur das Entstehen körperlicher Erkrankungen begünstigt, sondern auch den Verlauf der bipolaren Störung negativ beeinflusst (Carney und Jones 2006). Zu den häufigsten *somatischen* Begleiterkrankungen zählen Diabetes mellitus (11%), Adipositas (18%), kardiovaskuläre Erkrankungen (26%), das metabolische Syndrom und Migräne (9%; DGBS und DGPPN 2020; Falkai et al. 2022).

Psychiatrische Komorbiditäten treten bei ungefähr 65% aller bipolaren PatientInnen auf, darunter dreimal so häufig bei Frauen (Sasson et al. 2003). Psychiatrische Komorbiditäten werden mit einem ungünstigeren Verlauf, häufigeren Episoden, einer geringeren Lebensqualität sowie einem erhöhten Suizidrisiko assoziiert (DGBS und DGPPN 2020). Die epidemiologisch häufigsten komorbide Störungen bei bipolaren Störungen sind Angststörungen (Bipolar-I: 86,7%, Bipolar-II: 89,2%) und Substanzmissbrauch und -abhängigkeit (Bipolar-I: 60,3%, Bipolar-II: 40,4%; DGBS und DGPPN 2020; Merikangas et al. 2007). ADHS (Bipolar-I: 40,6%, Bipolar-II: 42,3%; Merikangas et al. 2007), Essstörungen (Bipolar-I & -II: 33,2%; Hudson et al. 2007) und Persönlichkeitsstörungen (Bipolar-I & -II: 28,8%; George et al. 2003) treten ebenfalls häufig komorbid auf. Insbesondere bei Jugendlichen mit bipolarer Störung besteht eine hohe Komorbidität mit der Aufmerksamkeitsdefizit-Hyperaktivitätsstörung (ADHS). Da beide Störungen erhebliche symptomatische Überschneidungen aufweisen, kann eine klare diagnostische Abgrenzung im Verlauf herausfordernd sein (Brieger 2007). Bei Kindern und Jugendlichen werden zudem hypomane Symptome häufig als ADHS fehlinterpretiert, was nicht selten zu einer falschen Behandlung und Medikation führt. Charakteristisch für beide Störungsbilder sind eine gesteigerte Antriebs- und Psychomotorik sowie kognitive Defizite (Brieger 2007). Unter den Persönlichkeitsstörungen tritt die Borderline-Persönlichkeitsstörung zunehmend als komorbide Erkrankung bei bipolaren Störungen auf. Ähnlich wie bei ADHS stellt die diagnostische Abgrenzung eine Herausforderung dar, da emotionale Instabilität ein zentrales Merkmal beider Störungsbilder ist (Brieger et al. 2003).

2.4 Differentialdiagnosen

Differentialdiagnostisch müssen folgende Störungen in Betracht gezogen werden:

- Unipolare Depression
  - Bipolare Störungen beginnen oft mit einer depressiven Episode. Derzeit gibt es keine zuverlässigen klinischen Merkmale, die eine eindeutige Differenzierung zwischen unipolarer und bipolarer Depression ermöglichen (DGBS und DGPPN 2020). Eine sensible biografische Exploration hinsichtlich einer eventuellen vergangenen manischen Episode ist die einzige diagnostische Option.
- Aufmerksamkeitsdefizit-Hyperaktivitätssyndrom (ADHS)
  - Hyperaktivität kann aussehen wie Manie. Wenn eine komorbide Depression bei ADHS vorliegt, kann dies in der Gesamtschau leicht an eine bipolare Störung erinnern. **Unterschied:** ADHS tritt nicht episodisch auf. Zudem ist die Hyperaktivität bei ADHS nicht an eine gehobene Stimmung gebunden.

- Borderlinepersönlichkeitsstörung (BPS)
  - BPS-Stimmungswechsel können einen Rapid Cycling Verlauf nahe legen. Die BPS ist aber komplexer, da es sich um eine Persönlichkeitsstörung handelt. Die BPS-typischen interaktionellen Störungen sind für bipolare Störungen untypisch. Zudem sind die Stimmungswechsel bei BPS meist abrupter als bei affektiven Störungen und lassen sich zudem eher noch durch situative Auslöser erklären. Rapid Cycling weist einen episodischen Charakter auf, der bei BPS fehlt.
- Schizophrenie und Schizoaffektive Psychose
  - Schizophrenien gehen oft mit affektiver Symptomatik einher. Die Frage ist dann, ob Schizophrenie und affektive Störung komorbid vorliegen, ob eine schizoaffektive Störung vorliegt, oder eine affektive Störung mit psychotischen Symptomen.

    Wenn beide Störungen per Kriterien erfüllt sind, und im Verlauf voneinander unabhängig sind, wäre die Komorbidität vorzuziehen. Schizoaffektiv erfordert das gemeinsame Auftreten affektiver und schizophrener Symptome innerhalb einer Episode. **Bei psychotischer affektiver Störung treten psychotische Symptome nur ab einem bestimmten Schweregrad der affektiven Störung auf und remittieren, sobald die affektive Symptomatik an Schwere nachlässt.**

    Psychotische Erregungszustände können jedoch leicht aussehen wie manische Zustände. Bipolare Störungen und schizoaffektive Störungen sind verglichen mit Schizophrenien im Langzeitverlauf und zwischen den Episoden weniger defizitär. Ich-Störungen treten bei bipolarer Störung ebenso wenig auf wie Negativsymptome. Dafür ist die Abgrenzung zwischen Negativsymptomen der Schizophrenie und depressiven Symptomen bei affektiver Störung extrem schwierig. Psychotische Symptome bei affektiven Störungen sind meist synthym. 10–20% der psychotischen Ausprägungen sind jedoch nicht synthym, sondern entsprechen klassischen Symptomen der Schizophrenie (DGBS und DGPPN 2020).
- Missbrauch psychotroper Substanzen
  - Substanzkonsum kann temporär sowohl manische als auch depressive Zustände erzeugen. Es gilt also grundsätzlich, bei Konsumhistorie zurückhaltend mit psychiatrischer Diagnostik zu sein. Mit Abklingen der Rauschwirkung sollten die affektiven Symptome jedoch remittieren (Ausnahme sind **drogeninduzierte Störungen,** die unter Abstinenz nach einigen Tagen bis zu wenigen Wochen abklingen).

> **Wichtig: Drogeninduzierte psychotische Störungen** Drogeninduzierte psychotische Störungen können aussehen wie Schizophrenien oder schwere affektive Störungen mit psychotischen Symptomen. Das schwierige ist, dass diese Störungen oft erst nach Wochen der Abstinenz remittieren. Damit ist die Differenzialdiagnostik extrem anspruchsvoll (Schnell 2014). Anders ist es bei sogenannten toxischen Psychosen oder psychotischen Rauschverläufen. Hier lässt die Symptomatik direkt mit der Rauschwirkung nach.

3.1 Ätiologie

Die bipolare Störung ist eine multifaktorielle Erkrankung, deren genaue Ätiologie bislang nicht vollständig geklärt ist (Rowland und Marwaha 2018). Das Wissen um potenzielle Risikofaktoren ermöglicht es behandelnden ÄrztInnen, PatientInnen mit einem erhöhten Risiko für die Entwicklung einer Bipolaren Störung frühzeitig zu identifizieren. Dadurch können eine gezielte Behandlung, eine engmaschige Nachsorge sowie die Auswahl der passenden Medikation effektiver umgesetzt werden (Rowland und Marwaha 2018).

Die meisten Risikofaktoren sind jedoch unspezifisch, d. h. sie können nahezu jede psychische Störung erklären. Einige Parameter mit relativ spezifischer assoziation zu bipolaren Störungen zeigt das nachfolgende Merke-Kästchen:

▶ **Merke: Relativ spezifische Risikofaktoren für die Entwicklung einer bipolaren Störung** (DGBS und DGPPN 2020)

- Positive Familienanamnese für bipolare Störungen
- Schwere, melancholische oder psychotische Depression im Kindes- oder Jugendalter
- Schneller Beginn und/oder rasche Rückbildung der Depression
- Vorliegen saisonaler oder atypischer Krankheitsmerkmale

- Hypomanische oder manische Symptomentwicklung im zeitlichen Zusammenhang mit einer Therapie mit Antidepressiva oder bei Exposition gegenüber Psychostimulanzien

Ansonsten lassen sich Einflussfaktoren entsprechend der biopsychosozialen Perspektive den jeweiligen Domänen zuordnen:

3.1.1 Zirkadiane Rhythmik

Störungen der zirkadianen Rhythmik gelten als zentraler biologischer Faktor in der Pathophysiologie bipolarer Störungen. Neben den typischen Veränderungen des Schlaf-Wach-Rhythmus zeigen sich bei Betroffenen auch Abweichungen in hormonellen Sekretionsmustern sowie im tageszeitlichen Verlauf von Körpertemperatur und Herzfrequenz (Mishra et al. 2021). Die Steuerung biologischer Rhythmen beruht auf dem Zusammenspiel äußerer Einflüsse und innerer Regulationsmechanismen. Zu den wichtigsten äußeren Zeitgebern zählen der Tag-Nacht-Rhythmus, Temperaturveränderungen und soziale Aktivitäten, die dem Körper helfen, seinen täglichen Rhythmus zu stabilisieren. Innerhalb des Gehirns übernimmt der suprachiasmatische Nucleus (SCN) im Hypothalamus die Funktion einer zentralen „inneren Uhr". Er koordiniert Schlaf-Wach-Zyklen, Hormonfreisetzung und Körpertemperatur. Die Aktivität des SCN wird dabei durch serotonerge Nervenzellen aus den Raphekernen moduliert, die über den Neurotransmitter Serotonin Einfluss auf die Taktung biologischer Prozesse nehmen. Studien zeigen, dass bei Personen mit einer bipolarer Störung die Anzahl dieser serotonergen Neuronen reduziert sein kann (Juckel und Edel 2013), was eine mögliche Erklärung für die häufig auftretenden Störungen des Schlaf-Wach-Rhythmus liefert. Sowohl in depressiven als auch in manischen Episoden lassen sich bei bipolar Erkrankten Veränderungen der zirkadianen Regulation nachweisen. Da affektive Episoden oftmals abrupt aus einer stabilen Stimmungslage heraus auftreten, wird in der Forschung zunehmend untersucht, welche Parameter als frühe Prädiktoren bevorstehender Episoden dienen könnten.

3.1.2 Genetische Einflussfaktoren

Die Heritabilität (Erblichkeit) bipolarer Störungen liegt bei rund 85% und zählt damit zu den höchsten Vererbungsraten im Bereich der psychiatrischen Erkrankungen (Bienvenu et al. 2011).

Familien-, Zwillings- und Adoptionsstudien konnten den Einfluss genetischer Faktoren eindeutig belegen (Duffy et al. 2009). Verwandte 1. Grades von Patient-Innen mit bipolaren Störungen haben ein etwa zehnfach erhöhtes Erkrankungs-risiko im Vergleich zur Allgemeinbevölkerung (Blacker und Tsuang 1993). Unter den Angehörigen finden sich nicht nur gehäuft Fälle von Bipolar-I- oder Bipolar-II-Störungen, sondern auch von unipolaren Depressionen sowie schizoaffektiven und schizophrenen Störungen. Dies spricht für Überlappungen in der Ätiologie dieser Erkrankungen.

Genetische Studien konnten gemeinsame Risikoallele zwischen **Bipolar-I-Störung und Schizophrenie** sowie zwischen **Bipolar-II-Störung und schwerer depressiver Störung** nachweisen (McIntyre et al. 2020). In der Zusammenschau scheint tatsächlich zwischen der Bipolaren Störung und der Schizophrenie die engste Verwandtschaft zu bestehen (Pettersson et al. 2016), was die an der Qualität der Symptomatik orientierte Einordnung der Diagnosen in den Klassifikations-systemen (Bipolar und Depression in gemeinsamem Kapitel und ein eigenes Kapi-tel für Schizophrenie) infrage stellt.

In den vergangenen Jahren haben genomweite Assoziationsstudien (GWAS) erste verantwortliche Gene für die Entstehung bipolarer Störungen identifizieren können. Bei solchen Studien wird die Häufigkeit bestimmter Allele bzw. Genotypen zwi-schen erkrankten und gesunden Personen systematisch verglichen. In einer groß-angelegten genetischen Studie, die eine US-amerikanische Stichprobe mit einer deut-schen Stichprobe verglich, konnten vor allem zwei Gene identifiziert werden: das SORCS2-Gen und das DGKH-Gen (Baum et al. 2008). Das SORCS2-Gen liegt in einer für die bipolare Störungen relevanten Regionen und ist an der Gehirnent-wicklung beteiligt, wohingegen das DGKH-Gen eine zentrale Rolle im Lithium-sen-sitiven Phosphatidyl-Inositol-Signalweg spielt. Da Lithium zu den wichtigsten Lang-zeitmedikationen der bipolaren Störung gehört, gilt dieser Befund als besonders be-deutsam. In der bisher größten genomweiten Assoziationsstudie wurden 56 genomweite signifikante Einzelnukleotid-Polymorphismen (SNP, Single-Nucleotide Polymorphism) in fünf Chromosomenregionen identifiziert (Mühleisen et al. 2014). Das zeigt, wie komplex die biologischen Mechanismen affektiver Störungen sind.

3.1.3 Umwelteinflüsse und Risikofaktoren

Obwohl genetische Faktoren den größten Anteil am Erkrankungsrisiko bipolarer Störungen ausmachen, dürften 15–40% an Varianz durch Umweltfaktoren erklär-bar sein (Smoller und Finn 2003; Hanford et al. 2019). Negative Lebensereignisse können mit der Entstehung, Intensität und Komplexität der Psychopathologie bipolarer Störungen assoziiert werden (Bakare et al. 2011; Ferreira et al. 2013). Umweltfaktoren beeinflussen ferner Komorbiditätsraten, Dauer der Episoden sowie allgemeine Funktionsfähigkeit. Bisherige Forschungsergebnisse deuten grundsätzlich auf ein heterogenes Spektrum an Risikofaktoren hin, das von prä- und perinatalen Infektionen, Kindheitstraumata und -belastungen, adoleszentem Drogenkonsum, körperlichen und psychischen Komorbiditäten u. v. m. reicht (Agnew-Blais und Danese 2016; Leo und Singh 2016).

Besonders oft werden traumatische Kindheitserfahrungen repliziert (Koenders et al. 2020). Hier ist jedoch die hohe Unspezifität anzumerken, da frühe Traumatisierungen im Kontext nahezu jeder psychischen Störung genannt wird. Hier scheint eher eine allgemeine Vulnerabilität erzeugt zu werden, die dann bei Vorliegen spezifischerer Prädispositionen zum Ausbruch verschiedenster Störungsbilder beiträgt.

> **Zusammenfassung: Beziehung zwischen frühen Belastungsfaktoren und biologischer Disposition**
>
> Zusammenfassend scheinen frühe Belastungsfaktoren entsprechend einer **entwicklungsneurobiologischen Hypothese** dauerhafte Veränderungen in neuronalen Verschaltungen hervorzurufen und langfristig zu Dysregulationen der Hypothalamus-Hypophysen-Nebennierenrinden-Achse (HPA-Achse) sowie der monoaminergen Systeme zu führen. Damit rückt die enge Wechselwirkung zwischen frühen Umwelteinflüssen und biologischen Vulnerabilitäten zunehmend in den Fokus ätiologischer Modelle (Robinson und Bergen 2021).

3.1.4 Gen-Umwelt-Interaktion und Epigenetik

Statt isoliert Genetik oder Umwelteinflüsse zu untersuchen, wurden in den letzten Jahren viele epigenetische Studien zu Wechselwirkungen zwischen Umwelt und Biologie publiziert. Diese zeigen, dass wir unseren Genen nicht hilflos ausgeliefert sind, da Umweltfaktoren mitentscheiden, welche Gene gelesen und damit aktiviert und welche deaktiviert werden.

Noch sind die exakten Mechanismen nicht bekannt, d. h. wir wissen nicht, was genau wir tun oder lassen sollten, um ganz bestimmte genetische Dispositionen zu hemmen oder zu aktivieren. Viele PatientInnen mit bipolaren Störungen berichten jedenfalls von belastenden Lebensereignissen, schwierigen Beziehungserfahrungen in der Kindheit und Jugend oder auch von traumatisierenden Übergriffen sowie elterlicher Vernachlässigung. Es wird angenommen, dass die

Aktivierung der Hypothalamus-Hypophysen-Nebennierenrinde-Achse (HPA-Achse) oder der monoaminergen Neurotransmittersysteme durch stressinduzierte biologische Veränderungen die Funktionsfähigkeit dieser Systeme negativ beeinflusst, was sich letztlich auf Verhaltensebene bei den Betroffenen zeigt (Grabe und Schwahn 2011). In Metaanalysen haben zwei Gene positive Assoziationen mit bipolaren Störungen gezeigt: der Serotonintransporter (SERT) und das Enzym Catechol-O-Methyltransferase (COMT; Lewis et al. 2003). Der Serotonintransporter reguliert die serotonerge Signalübertragung, indem er Serotonin nach seiner Freisetzung aus dem synaptischen Spalt zurück in die Präsynapse transportiert. Das COMT-Enzym wiederum ist für den Abbau von Katecholaminen, wie Noradrenalin, Adrenalin und Dopamin, in den sympathischen Nervenendigungen verantwortlich (Deisenhammer und Hausmann 2012). Als mögliches Vulnerabilitätsgen für die bipolare Störung wird das Gen für „brain-derived neurotrophic factor" (BDNF) diskutiert. Insbesondere Neurotrophine (Proteine, die das Überleben, Wachstum und die Differenzierung von Neuronen fördern) wie das BDNF sind entscheidend für die Entwicklung und Plastizität des zentralen Nervensystems. Sie unterstützen Nervenwachstum, Synapsenbildung und Neuroplastizität. Bei affektiven Störungen zeigen sich reduzierte BDNF-Spiegel, was vermutlich mit Stressbelastung und einer dadurch beeinträchtigten neuronalen Anpassungsfähigkeit (Plastizität) zusammenhängt (Ising und Holsboer 2006). Stressbedingte Glukokortikoid-Ausschüttung hemmt wiederum die BDNF-Expression, was die enge Verbindung zwischen Stressbelastung und affektiven Störungen verdeutlicht. Darüber hinaus weisen aktuelle Befunde auf eine enge Verbindung zwischen bipolarer Störung und posttraumatischer Belastungsstörung hin, Störungsbilder, die eine Variante des BDNF-Gens teilen (Rakofsky et al. 2012). Es konnte gezeigt werden, dass erfolgreiche pharmakologische und psychotherapeutische Behandlungen mit einem Anstieg des BDNF-Spiegels einhergehen (Sen et al. 2008).

3.2 Epidemiologie und Verlauf

3.2.1 Epidemiologie

Die Lebenszeitprävalenz der Bipolar-I-Störung beträgt etwa 1%, während sie bei der Bipolar-II-Störung zwischen 2% und 3% liegt (Bipolare Störungen gesamt: 3,9–4,4%; Rowland und Marwaha 2018). Exakte Angaben werden durch Dunkelziffern und diagnostische Schwierigkeiten erschwert (z. B. sich ändernde Diagnosekriterien, unscharfe Grenze zwischen leichter und subsyndromaler Ausprägung der Störung; Merikangas et al. 2007).

Berücksichtigt man Ausprägungen mit weiter gefassten Kriterien (z. B. Zyklothymie, Hypomanien, schizoaffektiver bipolarer Subtyp, hyperthymes Temperament), so schätzt die WHO die Lebenszeitprävalenz des bipolaren Spektrums weltweit auf bis zu 5–6% (Merikangas et al. 2011). Das Geschlechterverhältnis ist bei der Bipolar-I-Störung ausgeglichen, wohingegen von der Bipolar-II-Störung Frauen etwas häufiger betroffen sind (Rowland und Marwaha 2018). Dieses Ungleichgewicht wird auf die dominierende depressive Symptomatik in der Bipolar-II-Störung zurückgeführt, von der Frauen in der Allgemeinbevölkerung ohnehin stärker betroffen sind. Im Vergleich zur unipolaren Depression manifestiert sich die bipolare Störung typischerweise bereits im jungen Erwachsenenalter, meist zwischen dem 16. und 18. Lebensjahr, wobei in so jungen Jahren häufiger die Bipolar-I-Ausprägung diagnostiziert wird (Engelmann et al. 2022). Das mittlere Erkrankungsalter bei der Bipolar-II-Störung liegt demgegenüber bei 23,3 Jahren (durchschnittliches Erkrankungsalter bipolarer Störungen gesamt: 16–25 Jahre). ForscherInnen vermuten, dass dies durch das schwierige Erkennen der hypomanischen Phasen erklärbar sein kann (Leboyer et al. 2005). Zudem bestehen Hinweise, dass das Erstmanifestationsalter einen Einfluss auf den Verlauf des Störungsbildes haben kann. So gehen Spätmanifestationen oft mit einer erhöhten Rate an somatischen und psychiatrischen Komorbiditäten sowie einer höheren Suizidalität einher (Leboyer et al. 2005). Betroffene mit bipolaren Störungen erleben insgesamt häufiger Episoden im Krankheitsverlauf. Obwohl bei etwa einem Drittel der PatientInnen die Remission einzelner Episoden gelingt, bestehen häufig anhaltende psychosoziale Beeinträchtigungen (Engelmann et al. 2022).

> **Zusammenfassung: Epidemiologische Besonderheiten**
>
> Die bipolare Störung zeichnet sich im Vergleich zur unipolaren Depression durch ein früheres Erstmanifestationsalter, ein ausgeglicheneres Geschlechtsverhältnis, geringere Prävalenz, einen schwereren Krankheitsverlauf mit häufigeren Episoden sowie ein erhöhtes Suizidrisiko aus. In diesen Punkten scheint die bipolare Störung der Schizophrenie verwandter zu sein als der unipolaren Depression.

3.2.2 Verlauf

Der bipolaren Störung geht in der Regel, ähnlich der Schizophrenie, eine unspezifische Prodromalphase voraus, die häufig in der Adoleszenz oder im frühen Erwachsenenalter beginnt (Leopold et al. 2014). Ein wesentlicher Unterschied zwischen beiden Prodromalphasen besteht darin, dass bei bipolaren Störungen Stimmungsschwankungen im Vordergrund stehen, während bei der Schizophrenie vor allem abgeschwächte positive psychotische Symptome beobachtet werden (Leopold et al. 2014). Zusätzlich haben retrospektive Analysen von PatientInnen aus Früherkennungs- und Interventionszentren bestimmte Symptomkonstellationen identifiziert, die mit einem erhöhten Risiko für eine Manie einhergehen. Dazu zählen unterschwellige manieähnliche oder depressive Symptome sowie eine positive Familienanamnese für bipolare Störungen (Bechdolf et al. 2012). Bis es zum tatsächlichen Krankheitsausbruch kommt, scheint ein langwieriges symptomatisches Prodrom üblich (Bechdolf et al. 2012). Die Dauer der Prodromalphase kann stark variieren und reicht von wenigen Wochen bis hin zu mehreren Jahren (Berk et al. 2007; Conus et al. 2006). In 51% der Fälle beträgt sie sogar mehr als fünf Jahre (Lish et al. 1994).

Eine besondere Problematik ist, dass in vielen Fällen mehrere Jahre vergehen, bis die richtige Diagnose gestellt und eine angemessene Behandlung eingeleitet wird (Morken et al. 2009). Herausforderungen für die Früherkennung liegen in der Heterogenität der Risikogruppen. Diese ergibt sich aus der Vielzahl unterschiedlicher Risikokonstellationen, dem episodischen Verlauf der Erkrankung und der großen Bandbreite an unterschwelligen Symptomen, die noch nicht die vollständigen (Hypo-)manie-Kriterien erfüllen. Hinzu kommt die symptomatische Überlappung mit Prodromalsymptomen von Psychosen sowie der oft lange Zeitraum zwischen den ersten Anzeichen und der ersten (Hypo-)manischen Episode (Hauser und Correll 2013).

> **Interessant: Initiale Diagnose bei bipolarer Störung ist meist eine Fehldiagnose**
>
> Bipolare Störungen beginnen bei etwa 70% der Betroffenen mit depressiven Episoden. Daher wird zunächst die Diagnose einer depressiven Episode und bei der nächsten Episode die Diagnose einer rezidivierenden Depression gestellt. Manische Episoden treten meist nach einiger Zeit auf. Daher wird die Diagnose einer bipolaren Störung häufig erst im späteren Verlauf gestellt, nachdem die erste manische Episode aufgetreten ist.

Die Dauer manischer und depressiver Phasen unterscheidet sich in der Regel. Die unbehandelte depressive Episode dauert zwischen 6–9 Monaten, die unbehandelte manische/hypomane Episode dauert ca. 3 Monate. Das Verhältnis zwischen depressiven und (hypo-)manischen Episoden beträgt etwa 3:1. Besonders bei der Bipolar-II-Störung überwiegen depressive Episoden deutlich. Studien zufolge treten sie bis zu 37-mal häufiger auf als hypomane Episoden (Judd et al. 2002, 2003). Frauen sind von langanhaltenden depressiven Phasen häufiger betroffen als Männer (Sasse et al. 2009). Dies kann erhebliche Auswirkungen auf die soziale Funktionsfähigkeit der Betroffenen haben.

Der langfristige Verlauf bei bipolaren Störungen ist sehr individuell. Langfristige Ergebnisse reichen von einer dauerhaften Remission bis hin zu einer chronischbeeinträchtigenden Störung (Tundo et al. 2018). In den meisten Fällen sind wiederholte Krankenhausaufenthalte notwendig, die einen erheblichen Anteil der mit der Erkrankung verbundenen Kosten verursachen (Hidalgo-Mazzei et al. 2015). Im Krankheitsverlauf zeigt sich am häufigsten ein episodisches Verlaufsmuster, das jedoch stark variieren kann und potenziell einen hohen Schweregrad erreichen kann. Dabei wechseln sich hypomanische/manische und depressive Phasen ab, die durch Phasen vollständiger Remission unterbrochen werden (Leverich et al. 2003). Alternativ kann ein chronischer Verlauf mit anhaltenden subsyndromalen depressiven Beschwerden vorliegen. Zusammen machen diese beiden Verlaufsformen etwa 80% der Betroffenen aus. Die restlichen 20% entfallen auf eher seltenere Verläufe, wie langanhaltende Hypomanien oder gemischte Episoden (Uher et al. 2013, 2019). Die Anzahl gemischter Episoden ist bei Männern über den krankheitsverlauf relativ konstant, während sie bei Frauen im Verlauf der Erkrankung zunimmt (Kessing 2008). Allgemein zeigen Forschungsergebnisse, dass die *Krankheitsdauer* durch den Anteil depressiver Episoden, die Schwere der depressiven Symptome und den Anteil manischer Episoden vorhergesagt werden können. Hingegen prognostizieren ein höherer Anteil manischer Episoden, die Intensität der manischen Symptome und ein Wechsel von Depression zu Manie eine erhöhte Wahrscheinlichkeit für *Krankenhausaufenthalte* (Uher et al. 2013, 2019).

Eine besonders schwerwiegende Verlaufsform ist das sog. „Rapid Cycling". Sie ist durch einen schnellen Wechsel von mindestens vier affektiven Episoden in den vergangenen 12 Monaten gekennzeichnet. Bis zu 20% der bipolaren PatientInnen, insbesondere Frauen, erfüllen die Kriterien für Rapid Cycling (Bauer et al. 2008). Dieses Muster kann bereits zu Beginn der Erkrankung auftreten oder sich im Verlauf entwickeln. In extremen Fällen kommt es zu Phasenwechseln innerhalb weniger Wochen oder sogar weniger Tage, ein Zustand, der als „Ultra-Rapid Cycling" bezeichnet wird und mit einem deutlich erhöhten Suizidrisiko einhergeht.

Die schwerwiegendsten Langzeitfolgen bipolarer Störungen sind, ähnlich wie bei Schizophrenien, dass sie teils zu Behinderung und Arbeitsunfähigkeit führen (Hayes et al. 2015; Arvilommi et al. 2022). Zudem zeigt sich auffällig häufig suizidales Verhalten bei Betroffenen. Die Lebenszeitprävalenz von Suizidversuchen liegt bei alarmierenden 30% (Oquendo und Mann 2001). Eine skandinavische Studie zeigte sogar, dass über die Hälfte der Betroffenen im Laufe ihres Lebens Suizidversuche unternehmen (Valtonen et al. 2005). Hauptfaktoren, die mit einem erhöhten Suizidrisiko assoziiert sind, umfassen unter anderem genetische und familiäre Belastungen, belastende Kindheits- und Lebensereignisse, Hoffnungslosigkeit, den Verlust sozialer und medizinischer Unterstützung, eine erhöhte psychiatrische Komorbidität sowie einen insgesamt schwereren Krankheitsverlauf (Leverich et al. 2003).

Eine längere Krankheitsdauer und ein längerer unbehandelter Krankheitszeitraum erhöhen das Suizidrisiko, da die Häufigkeit und Dauer depressiver Episoden zunimmt (Miller und Black 2020). Daher wird eine frühzeitige Behandlung nahe gelegt (Bechdolf et al. 2012).

Behandlungsmöglichkeiten 4

Die Therapie verfolgt einen multimodalen Ansatz, der pharmakotherapeutische, psychotherapeutische, soziotherapeutische sowie unterstützende Verfahren wie Ergo- oder Bewegungstherapie einschließt. Ergänzt wird der multimodale Therapieansatz durch kurzfristig wirksame Maßnahmen wie die Licht-, Dunkel- oder Elektrokonvulsionstherapie (DGBS und DGPPN 2020). Die Herausforderung in der Behandlung bipolarer Störungen ergibt sich dadurch, dass sich im Verlauf der Erkrankung verschiedene Symptomkonstellationen bilden können (Depression, (Hypo-)manie, gemischte Episoden oder Rapid-Cycling), was nicht selten zu einer polypharmazeutischen Behandlung führt (Paulzen et al. 2019). Auch muss zwischen der Therapie einer akuten Krankheitsphase, der Erhaltungstherapie und der Rezidivprophylaxe unterschieden werden. Das zentrale Ziel zu Beginn jeder Behandlung ist es, das psychosoziale Funktionsniveau der PatientInnen möglichst hoch zu halten, um eine gute gesundheitsbezogene Lebensqualität und eine angemessene gesellschaftliche Teilhabe zu ermöglichen (DGBS und DGPPN 2020).

4.1 Medikamentöse Behandlung

Bei bipolaren Störungen werden am häufigsten Stimmungsstabilisatoren (Mood Stabilizer, MS) und atypische Antipsychotika (AP) eingesetzt.

Bei Antidepressiva (AD) besteht ein hohes Switch-Risiko, d. h. es können manische Episoden getriggert werden. Daher sollten AD nur in Ausnahmefällen bei schwerer Depression und unter gleichzeitiger Gabe einer stimmungsstabilisierenden Medikation eingesetzt werden (Engelmann et al. 2022; Paulzen et al. 2019).

© Der/die Autor(en), exklusiv lizenziert an Springer-Verlag GmbH, DE, ein Teil von Springer Nature 2026
K. Stolfi, T. Schnell, *Bipolare Störungen*, essentials,
https://doi.org/10.1007/978-3-662-73060-7_4

> **Vorsicht: Hohes Switch-Risiko durch Antidepressiva**
> Bipolare Störungen sollten möglichst nicht mit Antidepressiva (AD) behandelt werden. Obschon sie bei depressiven Episoden wirksam sein können, ist dennoch das Risiko hoch, dass eine manische Episode getriggert wird. Ebenso kann ein Rapid-Cycling Verlauf angestoßen werden (DGBS und DGPPN 2020; Paulzen et al. 2019).

Lithium war der erste eingesetzte Stimmungsstabilisator und gilt bis heute als Goldstandard in der Behandlung bipolarer Störungen, insbesondere für die Langzeittherapie und die akute Behandlung der Manie. Es besitzt sowohl stimmungsstabilisierende als auch suizidprophylaktische Eigenschaften (Paulzen et al. 2019) und zeigt somit Wirksamkeit in manischen wie auch in depressiven Episoden (Ricken et al. 2007). Lithium ist zudem das einzige Medikament mit belegter antisuizidaler Wirksamkeit, was bei bipolaren affektiven Störungen von sehr hoher Bedeutung ist (Cipriani et al. 2013). Für die Akutbehandlung bipolarer Depressionen ist Lithium jedoch nicht zugelassen und wird in den aktuellen Leitlinien auch nicht als solche empfohlen (DGBS und DGPPN 2020). Hier ist das Antipsychotikum Quetiapin das einzige zugelassene Medikament. Lithium hat zudem das Problem der geringen therapeutischen Breite, also des engen Konzentrationsbereichs, in dem das Medikament wirksam und gleichzeitig verträglich ist, sodass regelmäßige Kontrollen des Serumspiegels beim Betroffenen erforderlich sind (Ricken et al. 2007).

Zu den Stimmungsstabilisatoren gehören neben Lithium die antikonvulsiven Substanzen Carbamazepin und Valproat. Dies sind Medikamente mit guter antimanischer Wirkung und werden ebenfalls als rezidivprophylaktisches Medikament eingesetzt (Paulzen et al. 2019). Valproat hat auch gute Wirksamkeit bei Rapid Cycling und atypischer Symptomatik gezeigt, zeichnet sich durch eine große therapeutische Breite aus und ist gut verträglich für PatientInnen (Ricken et al. 2007). Carbamazepin weist zwar einen schnelleren Wirkungseintritt als Lithium auf, ist jedoch lediglich zur Prophylaxe manisch-depressiver Phasen zugelassen, sofern Lithium keine ausreichende Wirkung zeigt (Paulzen et al. 2019). Aufgrund seines hohen Potenzials für Wechselwirkungen mit anderen Medikamenten gilt Carbamazepin als Mittel der zweiten Wahl.

Aus der Gruppe der atypischen Antipsychotika haben sich Aripiprazol, Olanzapin, Risperidon, Quetiapin sowie Ziprasidon aufgrund ihrer schnellen und hochpotenten antimanischen Wirkung in der Behandlung bipolarer Störungen als wirksam erwiesen (DGBS und DGPPN 2020). Sie sind alle für die Behandlung akuter mittlerer bis schwerer manischer Episoden zugelassen (Paulzen et al. 2019). Auch das Antipsychotikum der ersten Generation, Haloperidol, zeigt eine rasche und starke Wirkung bei akuten manischen Zuständen. Aufgrund des erhöhten Risikos für extrapyramidal-motorische Nebenwirkungen (Bewegungsstörungen) bei längerer Anwendung wird jedoch empfohlen, Haloperidol nur kurzfristig einzusetzen (DGBS und DGPPN 2020; Engelmann et al. 2022). Bei schweren manischen Symptomen bis hin zu psychotischen Symptomen soll eine Kombinationstherapie in Erwägung gezogen werden. Am besten evaluiert ist die Kombination von Valproat mit einem atypischen Antipsychotikum oder Lithium mit einem atypischen Antipsychotikum (Paulzen et al. 2019).

Neben der Behandlung akuter manischer Episoden stellt auch die Therapie akuter depressiver Episoden eine zentrale Säule in der pharmakologischen Behandlung bipolarer Störungen dar. Die S3-Leitlinie empfiehlt abhängig vom Schweregrad der depressiven Symptomatik unterschiedliche therapeutische Maßnahmen (DGBS und DGPPN 2020; Engelmann et al. 2022). Bei leichten depressiven Episoden werden primär Psychoedukation und Psychotherapie empfohlen. Bei mittelgradigen bis schweren depressiven Episoden wird hingegen eine psychopharmakologische Therapie empfohlen (DGBS und DGPPN 2020). Aufgrund des o. g. Switchrisikos bei AD wird für die Akutbehandlung bipolarer Depressionen lediglich Quetiapin empfohlen, ein atypisches Antipsychotikum (DGBS und DGPPN 2020; Engelmann et al. 2022). Es hat sich als Monotherapie als sehr wirksam erwiesen und verfügt über die derzeit stärkste Evidenzlage (Li et al. 2016). Zudem zeigt das Medikament eine gute Wirksamkeit in der Erhaltungstherapie bipolarer Depressionen.

4.2 Psychotherapeutische Interventionen

Die medikamentöse Behandlung bei bipolaren Störungen sollte durch die Psychotherapie ergänzt werden. Ziele sind:

- besseres Symptommanagement durch Psychoedukation (siehe unten: Kasten zu Psychoedukation),
- Steigerung der Therapie-Adhärenz (auch für die Medikation) durch motivationale Interventionen,
- durch kognitive Verhaltenstherapie (KVT) das Management von funktionalem Verhalten bei drohenden Rückfällen.
- Komorbide Störungen werden so behandelt, wie es die jeweiligen Leitlinien vorsehen.
- Zuletzt geht es darum, die weitreichenden psychosozialen Probleme zu bearbeiten, die durch bipolare Störungen entstehen können (Bernhard und Meyer 2018).

▶ **Psychoedukation ist mehr als reine Wissensvermittlung** Psychoedukation (PE) wird gelegentlich mit reiner Aufklärung und Informationsvermittlung verwechselt. Dabei ist sie deutlich mehr. Es geht bei PE darum, störungsspezifisches Wissen zu generieren. Aber das sollte stets eingewoben werden in die Vermittlung von Coping-Skills. Konkret werden mit PatientInnen in der PE Bewältigungsstrategien erarbeitet, die ihnen helfen, einen besseren Umgang mit der Störung zu realisieren.

Inhalte der Psychoedukation sind die Wissensvermittlung bezüglich depressiver und manischer Symptome und Symptommanagement im Sinne von Copingstrategien zum Umgang mit Symptomen. Ferner werden individuelle Warnsignale bzw. Prodromalsymptome der PatientInnen identifiziert, die eine Störungsepisode ankündigen. Ansonsten geht es um den Verlauf und die Prognose bipolarer Störungen, die Rolle von Stress und belastenden Lebensereignissen, die Rolle von Risiko- und protektiven Faktoren sowie medikamentöse oder psychotherapeutische Behandlungsoptionen (Meyer und Bauer 2020). Das Ziel der Psychoedukation ist PatientInnen zu Experten der eigenen Störung und im Umgang damit zu machen (Bernhard und Meyer 2018). Sekundärziele sind die Erhöhung der Belastbarkeit, Stressmanagement, die Etablierung eines regelmäßigen Lebensrhythmus sowie die Vorbeugung von Suizidalität (Bernhard und Meyer 2018).

Mittels KVT wird mit Betroffenen der Umgang mit affektiven Episoden erarbeitet. Die depressiven Phasen sind hinsichtlich der Psychotherapie letztlich kein allzu großes Problem. Hier wird in der Regel so gearbeitet, wie es bei Depressionen ansonsten üblich ist (Aktivierung, Ressourcenaufbau, kognitive Umstrukturierung). Das Problem bei bipolarer Störung sind die manischen Phasen. Denn da wäre eine Therapie dringend notwendig, die PatientInnen davor schützt, sich in psychosozialen Problemen zu verstricken. Doch gerade in manischen Phasen kommen Betroffene aufgrund der fehlenden Einsicht nicht zur Therapie. Daher wird in depressiven und symptomfreien Zeiten mit Betroffenen an Strategien gearbeitet, wie es möglicherweise gelingen kann, frühzeitig vor der kommenden Manie Hilfe zu suchen.

Konkret werden Notfallpläne erarbeitet, Frühwarnsignale identifiziert und Handlungsoptionen abgeleitet. Frühwarnsignale für nahende Manien könnten bspw. sein: weniger Schlaf, auffallend erhöhtes Bedürfnis auszugehen, enorme Kreativität, Rededrang.

KVT verfügt bis dato über die besten empirischen Wirksamkeitsnachweise bei der Behandlung bipolarer Störungen. Die KVT ist zudem das einzige anerkannte Richtlinienverfahren mit belegter Wirksamkeit in diesem Bereich (Bernhard und Meyer 2018). Darüber hinaus kommen auch psychodynamische Verfahren, wie die analytische und die tiefenpsychologisch fundierte Psychotherapie, bei Betroffenen mit bipolarer Störung zur Anwendung, wenngleich es hier bislang an ausreichend kontrollierten, randomisierten Studien zum Wirksamkeitsnachweis mangelt (DGBS und DGPPN 2020).

Psychodynamische Verfahren
Unter psychodynamische Verfahren werden die Richtlinienverfahren die Tiefenpsychologisch fundierte Psychotherapie und die Analytische Psychotherapie verstanden. Übergeordnete Ziele der Psychodynamik sind die Bearbeitung dysfunktionaler Beziehungsmuster, unbewusste Konflikte und die Verbesserung struktureller Defizite (DGBS und DGPPN 2020). Häufig werden solche Ansätze durch psychoedukative Elemente ergänzt.

Im Gegensatz zur kognitiven Verhaltenstherapie fehlt es im Bereich der psychodynamischen Therapie bislang an kontrollierten, randomisierten Studien zur Wirksamkeit bei bipolaren Störungen (DGBS und DGPPN 2020; Kealy und Ogrodniczuk 2019). Bei unipolarer Depression haben sich psychodynamische Verfahren bereits als wirksam erwiesen (Cuijpers et al. 2021). Im Bereich der bipolaren Störungen, liegen jedoch bislang nur zahlreiche narrative Fallberichte für Einzeltherapie (Willemsen et al. 2017) oder unkontrollierte Studien für Gruppentherapien (Gonzalez und Prihoda 2007) vor. Gleichwohl fehlt es bisher an experimentellen Studien, die diese klinischen Beobachtungen empirisch absichern (Stefana et al. 2024).

4.2.1 Kognitive Verhaltenstherapie

Die Kognitive Verhaltenstherapie (KVT) zielt darauf ab, die Entstehung manischer und depressiver Symptome zu reduzieren (Bernhard und Meyer 2018). Hierzu wurde das Programm von Meyer und Hautzinger (2013) als Grundlage zur Behandlung etabliert. Das Programm umfasst 20 individuelle Sitzungen, die für drei Monate wöchentlich, dann 14-tätig und schließlich monatlich erfolgen sollen. Bei akuten manische oder depressiven Episoden, wird empfohlen, die Ziele und den Therapieumfang individuell anzupassen. Das Programm ist in vier Phasen untergliedert (Meyer und Hautzinger 2013):

1. *Motivation und Psychoedukation* – Die Basis der therapeutischen Arbeit wird durch die gemeinsame Erarbeitung und Vermittlung eines konsensuellen Krankheitsverständnisses geschaffen, das in Bezug zur individuellen Biografie steht.

Mithilfe des Vulnerabilitäts-Stress-Modells wird ein allgemeines psychosoziales Verständnis entwickelt, wobei dysfunktionale und irrationale Annahmen über die eigene Erkrankung identifiziert und modifiziert werden. Diese erste Phase legt die Grundlage für einen verantwortungsvollen Umgang mit der Erkrankung und fördert die aktive Mitarbeit der PatientInnen am therapeutischen Prozess.

2. *Selbstbeobachtung und Frühwarnsignale* – Ziel ist es, individuelle Warnsymptome sowie potenzielle Auslöser für depressive und manische Episoden frühzeitig zu erkennen. Zudem sollen die Betroffenen darin unterstützt werden, zwischen normalen Stimmungsschwankungen und Anzeichen affektiver Episoden zu differenzieren. In der Therapie wird eine individuelle Fallkonzeption erstellt, die eine Verhaltens- und Bedingungsanalyse integriert. Dabei werden persönliche Prodromalsymptome sowie auslösende Bedingungen für affektive Zustände identifiziert. Aufbauend darauf erfolgt die Entwicklung konkreter Bewältigungsstrategien. Begleitend empfiehlt sich das Führen eines Stimmungstagebuchs. Dieses dient sowohl der strukturierten Informationssammlung als auch der Förderung der Selbstbeobachtung. Im therapeutischen Prozess ermöglicht es eine kontinuierliche Einschätzung des aktuellen Zustands sowie eine gezielte Rückmeldung durch den Behandelnden.

3. *Kognition und Verhalten* – In der dritten Phase liegt der Fokus auf dem Umgang mit individuellen Kognitionen und Verhaltensweisen. Die KVT arbeitet mit der Hypothese, dass sich Denken, Verhalten und Gefühle im Alltag und in Kontext depressiver und manischer Symptome wechselseitig beeinflussen. Es gilt kognitive Teufelskreise zu durchbrechen und mithilfe von verschiedenen Techniken (z. B. Spaltentechnik, Realitätstestung, schrittweise Aufgabenbewältigung) das Hochschaukeln maniformer und depressiver Symptome zu verhindern. Von der Bearbeitung dysfunktionaler Kognitionen bis hin zum Aufbau einer balancierten Alltagsstruktur kann der Fokus individuell gelegt werden.

4. *Aufbau zusätzlicher Ressourcen und Fertigkeiten* – In der Schlussphase der Therapie liegt der Fokus neben der Erstellung eines individuellen Notfallplans für Krisensituationen auch auf dem Aufbau zusätzlicher Fähigkeiten und Ressourcen. Ziel ist es, langfristig das Belastungs- und Stressniveau zu senken sowie die emotionale Stabilität und Lebensqualität zu steigern. Dabei werden individuelle Problembereiche durch Problemlösetrainings adressiert, ebenso wie interpersonelle Konflikte durch ein Training sozialer Kompetenzen. Dies soll die gesellschaftliche Teilhabe und soziale Integration der Betroffenen fördern. Stressbewältigungsstrategien oder Kommunikationsübungen könnten in der letzten Phase zum Einsatz kommen.

4.2.2 Familienfokussierte Therapie (FFT)

Die familienfokussierte Therapie nach Miklowitz (2010) stellt ein kognitiv-verhaltenstherapeutisch orientiertes Behandlungskonzept dar, das die Einbeziehung der Familie oder anderer zentraler Bezugspersonen von Beginn an vorsieht. Dabei handelt es sich nicht um eine eigenständige Behandlung, sondern wird vielmehr als wichtiger Bestandteil der kombinierten pharmakologischen und psychosozialen Behandlung der bipolaren Störung angesehen. Miklowitz (2010) betont, dass die enge Einbindung der Familienangehörigen in die Behandlung bipolarer PatientInnen nicht nur hilft, vielfältige Probleme im Krankheitsverlauf zu adressieren, sondern zugleich die Behandlungstreue der PatientInnen, insbesondere im Hinblick auf die regelmäßige Einnahme der Medikation, fördert. Besonders häufig wird dieses Verfahren bei jüngeren PatientInnen mit bipolarer Störung eingesetzt. Das manualisierte Programm umfasst insgesamt 21 Sitzungen und kombiniert psychoedukative Elemente mit einem Training kommunikativer und problemlösender Fertigkeiten für alle Beteiligten. Da es sich bei der familienfokussierten Therapie um ein klar strukturiertes und gut operationalisiertes Behandlungsprogramm handelt, konnte ihre Wirksamkeit in mehreren randomisiert-kontrollierten Studien nachgewiesen werden. Miklowitz und Goldstein (1997) empfehlen, die Sitzungen möglichst im häuslichen Umfeld der Betroffenen und unter der Leitung zweier TherapeutInnen durchzuführen, um eine aktive Beteiligung der gesamten Familie zu fördern und die Übertragung der erlernten Fertigkeiten in den Alltag zu erleichtern. Im ersten Modul, der Psychoedukation, liegt der Fokus darauf, unrealistische oder dysfunktionale Vorstellungen über die Erkrankung abzubauen und so die Grundlagen für die weiteren Trainingsmodule zu schaffen. Ziel ist es, das Gefühl von Kontrolle innerhalb der Familie zu stärken und die Angehörigen darauf vorzubereiten, durch erlernte Strategien angemessen auf belastende Situationen reagieren zu können. Zudem wird gemeinsam ein individueller Rückfallpräventionsplan entwickelt, in dem Frühsymptome identifiziert und Zuständigkeiten im Umgang mit diesen festgelegt werden. In den darauffolgenden Sitzungen steht das Einüben spezifischer Kommunikationsfertigkeiten, wie auch Ausdrücken positiver Emotionen, konstruktives Feedback und aktives Zuhören, im Vordergrund. Die abschließenden Sitzungen konzentrieren sich auf das gemeinsame Bewältigen konkreter Probleme, wobei die Angehörigen aktiv in den Prozess eingebunden werden und die Lösungen gemeinschaftlich erarbeitet werden (Miklowitz 2010; Miklowitz und Goldstein 1997).

4.2.3   Weitere Behandlungsansätze: Elektrokonvulsive Therapie (EKT), Lichttherapie, Dunkeltherapie

Ergänzend zu den genannten und langfristig orientierten Behandlungsoptionen können bedarfsabhängig EKT, Licht- und Dunkeltherapie eingesetzt werden. Sie entfalten ihre Wirkung schneller, als es bei Pharmako- und Psychotherapie üblich ist, wirken dafür aber nicht so nachhaltig.

Bei EKT wird durch Strominduktion ein Krampfanfall im Gehirn ausgelöst. Dieser führt zu vorübergehenden Veränderungen der neuronalen Aktivität und verschiedener Neurotransmittersysteme, wodurch sich schwere psychiatrische Symptome häufig schnell verbessern. EKT wirkt antidepressiv, antimanisch und antisuizidal, vermutlich über die Stimulation eines Hormons, welches das Nervenwachstum anregt (Brain-Derived Neurotropher Factor, BDNF). Am besten wirkt EKT bei therapieresistenter und schwerer Depression. Nach erfolgter EKT entfalten teils auch Medikamente eine Wirkung, die zuvor nicht wirksam waren. EKT wirkt jedoch wenig nachhaltig. Um die Effekte langfristiger zu halten, kann eine sog. Erhaltungs-EKT eingesetzt werden, die in größeren Abständen erfolgt. Ansonsten ist EKT eine Serie von 10–25 Einheiten, im Abstand von jeweils wenigen Tagen.

Lichttherapie kann bei leichteren Ausprägungen der Depression eingesetzt werden, ebenso wie Dunkeltherapie bei leichteren Ausprägungen von Manien gewisse Effekte erzielt. Sie sind relativ frei von Nebenwirkungen. Die Annahme zur Wirkweise ist, dass Licht über die Netzhaut aufgenommen und die Synthese bzw. das Wechselspiel von Melatonin und Cortisol reguliert. Damit wird die zirkadiane Rhythmik stimuliert / reguliert, was bei affektiven Störungen von besonderer Relevanz zu sein scheint. Dunkeltherapie wird in der klinischen Realität kaum eingesetzt, ist aber in der Literatur beschrieben.

Fazit zur Behandlung bipolarer Störungen

Die Behandlung bipolarer Störungen erfordert einen multimodalen Ansatz, der pharmakologische, psychotherapeutische und soziotherapeutische Maßnahmen kombiniert. Während Lithium nach wie vor als Goldstandard der Pharmakotherapie gilt, haben atypische Antipsychotika und Antikonvulsiva einen wichtigen Stellenwert in der Akut- und Erhaltungstherapie. Ergänzend tragen Psychoedukation und psychotherapeutische Interventionen, insbesondere kognitiv-verhaltenstherapeutische Ansätze, aber auch familienfokussierte Ansätze, wesentlich dazu bei, Rückfälle zu verhindern, die Krankheitsbewältigung zu fördern und die psychosoziale Funktionsfähigkeit der Betroffenen langfristig zu stabilisieren.

Was Sie aus diesem *essential* mitnehmen können

- Bipolare Störungen sind chronisch-rezidivierende affektive Erkrankungen, die durch depressive, (hypo-)manische oder gemischten Episoden gekennzeichnet sind. Sie gehören zu den psychischen Störungen mit dem höchsten Mortalitätsrisiko, insbesondere aufgrund des stark erhöhten Suizidrisikos.
- Das klinische Bild ist komplex: von subtilen Hypomanien bis zu schweren manischen Epsioden mit psychotischen Symptomen reicht das Symptomspektrum bipolarer Störungen. Depressive Phasen dominieren deutlich das Störungsbild, insbesondere bei der Bipolar-II-Störung und bestimmen maßgeblich den Krankheitsverlauf und die Lebensqualität der Betroffenen.
- Die Diagnostik erfordert struktrurierte Interviews, standardisierte Screeningverfahren und eine sorgfältige Differentialdiagnostik. Aufgrund hoher Komorbiditätsraten und Symptomüberschneidungen mit anderen Störungsbilder ist eine langfristige Verlaufsbeobachtung essenziell.
- Die Therapie basiert auf einem multimodalen Ansatz, der pharmakologische (Lithium als Goldstandard, atypische Antipsychotika, Antikonvulsiva), psychotherapeutische (v. a. KVT, Psychoedukation & Familienfokussierte Therapie mit der größten Evidenz) und soziotherapeutische Maßnahmen kombiniert. Ziel ist die Rückfallprophylaxe, die Stabilisierung des Funktionsniveaus und die Förderung der gesellschaftlichen Teilhabe.

Literatur

Agnew-Blais, J., & Danese, A. (2016). Childhood maltreatment and unfavourable clinical outcomes in bipolar disorder: A systematic review and meta-analysis. *The Lancet Psychiatry*, *3*(4), 342–349. https://doi.org/10.1016/S2215-0366(15)00544-1

APA (American Psychiatric Association) (2022). *Diagnostic and statistical manual of mental disorders* (5th ed., Text Revision). American Psychiatric Publishing

Anderson, I. M., Haddad, P. M., & Scott, J. (2012). Bipolar disorder. *BMJ, 345*, e8508. https://doi.org/10.1136/bmj.e8508

Angst, J., Adolfsson, R., Benazzi, F., Gamma, A., Hantouche, E., Meyer, T. D., Skeppar, P., Vieta, E., & Scott, J. (2005). The HCL-32: Towards a self-assessment tool for hypomanic symptoms in outpatients. *Journal of Affective Disorders*, *88*(2), 217–233. https://doi.org/10.1016/j.jad.2005.05.011

Bakare, M. O., Agomoh, A. O., Eaton, J., Ebigbo, P. O., & Onwukwe, J. U. (2011). Functional status and its associated factors in Nigerian adolescents with bipolar disorder. *African Journal of Psychiatry*, *14*(5), 388–391. https://doi.org/10.4314/ajpsy.v14i5.7

Bauer, I. E., Keefe, R. S. E., Sanches, M., Suchting, R., Green, C. E., & Soares, J. C. (2015). Evaluation of cognitive function in bipolar disorder using the Brief Assessment of Cognition in Affective Disorders (BAC-A). *Journal of Psychiatric Research, 60*, 81–86. https://doi.org/10.1016/j.jpsychires.2014.10.002

Bauer, M., Beaulieu, S., Dunner, D. L., Lafer, B., & Kupka, R. (2008). Rapid cycling bipolar disorder – diagnostic concepts. *Bipolar Disorders*, *10*(1p2), 153–162. https://doi.org/10.1111/j.1399-5618.2007.00560.x

Bauer, M., Severus, E., & Laux, G. (2017). Bipolare affektive Störungen. In H.-J. Möller, G. Laux, & H.-P. Kapfhammer (Eds.), *Psychiatrie, Psychosomatik, Psychotherapie: Band 1: Allgemeine Psychiatrie 1, Band 2: Allgemeine Psychiatrie 2, Band 3: Spezielle Psychiatrie 1, Band 4: Spezielle Psychiatrie 2* (pp. 1819–1854). Springer. https://doi.org/10.1007/978-3-662-49295-6_68

Baum, A., Akula, N., Cabanero, M., Cardona, I., Corona, W., Klemens, B., Schulze, T., Cichon, S., Rietschel, M., Nöthen, M., Georgi, A., Schumacher, J., Schwarz, M., Jamra, R. A., Höfels, S., Propping, P., Satagopan, J., Detera-Wadleigh, S., Hardy, J., & McMahon, F. (2008). A genome-wide association study implicates diacylglycerol kinase eta (DGKH) and several other genes in the etiology of bipolar disorder. *Molecular psychiatry, 13*(2), 197–207. https://doi.org/10.1038/sj.mp.4002012

Bechdolf, A., Ratheesh, A., Wood, S. J., Tecic, T., Conus, P., Nelson, B., Cotton, S. M., Chanen, A. M., Amminger, G. P., Ruhrmann, S., Schultze-Lutter, F., Klosterkötter, J., Fusar Poli, P., Yung, A. R., Berk, M., & McGorry, P. D. (2012). Rationale and first results of developing at-risk (prodromal) criteria for bipolar disorder. *Current Pharmaceutical Design, 18*(4), 358–375. https://doi.org/10.2174/138161212799316226

Berk, M., Brnabic, A., Dodd, S., Kelin, K., Tohen, M., Malhi, G. S., Berk, L., Conus, P., & McGorry, P. D. (2011). Does stage of illness impact treatment response in bipolar disorder? Empirical treatment data and their implication for the staging model and early intervention. *Bipolar Disorders, 13*(1), 87–98. https://doi.org/10.1111/j.1399-5618.2011.00889.x

Berk, M., Dodd, S., Callaly, P., Berk, L., Fitzgerald, P., de Castella, A. R., Filia, S., Filia, K., Tahtalian, S., Biffin, F., Kelin, K., Smith, M., Montgomery, W., & Kulkarni, J. (2007). History of illness prior to a diagnosis of bipolar disorder or schizoaffective disorder. *Journal of Affective Disorders, 103*(1), 181–186. https://doi.org/10.1016/j.jad.2007.01.027

Bernhard, B., & Meyer, T. D. (2018). Psychotherapie und Psychoedukation bei bipolaren Störungen. *Nervenheilkunde, 33*, 853–869. https://doi.org/10.1055/s-0038-1627753

Bienvenu, O. J., Davydow, D. S., & Kendler, K. S. (2011). Psychiatric 'diseases' versus behavioral disorders and degree of genetic influence. *Psychological Medicine, 41*(1), 33–40. https://doi.org/10.1017/S003329171000084X

Blacker, D., & Tsuang, M. T. (1993). Unipolar relatives in bipolar pedigrees: Are they bipolar? *Psychiatric Genetics, 3*(1), 5

Brieger, P. (2007). Bipolare affektive Störungen. *Fortschritte der Neurologie. Psychiatrie, 75*, 673–681. https://doi.org/10.1055/s-2007-980114

Brieger, P., Ehrt, U., & Marneros, A. (2003). Frequency of comorbid personality disorders in bipolar and unipolar affective disorders. *Comprehensive Psychiatry, 44*(1), 28–34. https://doi.org/10.1053/comp.2003.50009

Brieger, P., & Marneros, A. (1997). Was ist Zyklothymia? *Der Nervenarzt, 68*(7), 531–544. https://doi.org/10.1007/s001150050158

Carney, C. P., & Jones, L. E. (2006). Medical Comorbidity in Women and Men With Bipolar Disorders: A Population-Based Controlled Study. *Biopsychosocial Science and Medicine, 68*(5), 684. https://doi.org/10.1097/01.psy.0000237316.09601.88

Cipriani, A., Hawton, K., Stockton, S., & Geddes, J. R. (2013). Lithium in the prevention of suicide in mood disorders: Updated systematic review and meta-analysis. *BMJ, 346*, f3646. https://doi.org/10.1136/bmj.f3646

Conus, P., Cotton, S., Abdel-Baki, A., Lambert, M., Berk, M., & McGorry, P. D. (2006). Symptomatic and functional outcome 12 months after a first episode of psychotic mania: Barriers to recovery in a catchment area sample. *Bipolar Disorders, 8*(3), 221–231. 10.1111/j.1399-5618.2006.00315.x

Correll, C. U., Penzner, J. B., Frederickson, A. M., Richter, J. J., Auther, A. M., Smith, C. W., Kane, J. M., & Cornblatt, B. A. (2007). Differentiation in the Preonset Phases of Schizophrenia and Mood Disorders: Evidence in Support of a Bipolar Mania Prodrome. *Schizophrenia Bulletin, 33*(3), 703–714. https://doi.org/10.1093/schbul/sbm028

Craddock, N., & Sklar, P. (2013). Genetics of bipolar disorder. *The Lancet, 381*(9878), 1654–1662. https://doi.org/10.1016/S0140-6736(13)60855-7

Crump, C., Sundquist, K., Winkleby, M. A., & Sundquist, J. (2013). Comorbidities and Mortality in Bipolar Disorder: A Swedish National Cohort Study. *JAMA Psychiatry, 70*(9), 931–939. https://doi.org/10.1001/jamapsychiatry.2013.1394

Cuijpers, P., Quero, S., Noma, H., Ciharova, M., Miguel, C., Karyotaki, E., Cipriani, A., Cristea, I. A., & Furukawa, T. A. (2021). Psychotherapies for depression: A network meta-analysis covering efficacy, acceptability and long-term outcomes of all main treatment types. *World Psychiatry, 20*(2), 283–293. https://doi.org/10.1002/wps.20860

Czempiel, T., Mikolas, P., Bauer, M., Vogel, S., & Ritter, P. (2024). Langzeitverläufe bipolarer Störungen. *Der Nervenarzt.* https://doi.org/10.1007/s00115-024-01791-6

Deisenhammer, E. A., & Hausmann, A. (2012). Affektive Störungen (ICD-10 F3). In W. W. Fleischhacker & H. Hinterhuber (Hrsg.), *Lehrbuch Psychiatrie* (S. 153–195). Springer. https://doi.org/10.1007/978-3-211-89865-9_5

Deutsche Gesellschaft für Bipolare Störungen e. V. (DGBS) & Deutsche Gesellschaft für Psychiatrie und Psychotherapie, Psychosomatik und Nervenheilkunde e. V. (DGPPN). (2020). *S3-Leitlinie zur Diagnostik und Therapie Bipolarer Störungen (Langversion)* [AWMF-Registernummer 038-019]. Arbeitsgemeinschaft der Wissenschaftlichen Medizinischen Fachgesellschaften (AWMF). https://www.awmf.org/leitlinien/detail/ll/038-019.html

Duffy, A., Alda, M., Hajek, T., & Grof, P. (2009). Early course of bipolar disorder in high-risk offspring: Prospective study. *The British Journal of Psychiatry, 195*(5), 457–458. https://doi.org/10.1192/bjp.bp.108.062810

El, G., Dj, M., Ja, R., Tl, S., & Do, T. (2003). The comorbidity of bipolar disorder and axis II personality disorders: Prevalence and clinical correlates. *Bipolar Disord, 5,* 115–122

Engelmann, J., Herzog, D. P., & Müller, M. B. (2022). Pharmakotherapie bipolarer Störungen. *PSYCH up2date, 16,* 401–417. https://doi.org/10.1055/a-1646-5607

Falkai, Gerd Laux, Arno Deister, & Hans-Jürgen Möller. (2022). *Duale Reihe Psychiatrie, Psychosomatik und Psychotherapie* (7. vollständig überarbeitete Auflage 2022). Thieme. https://shop.thieme.de/Duale-Reihe-Psychiatrie-Psychosomatik-und-Psychotherapie/9783132432659

Ferreira, G. S., Moreira, C. R., Kleinman, A., Nader, E. C., Gomes, B. C., Teixeira, A. M. A., Rocca, C. C. A., Nicoletti, M., Soares, J. C., Busatto, G. F., Lafer, B., & Caetano, S. C. (2013). Dysfunctional family environment in affected versus unaffected offspring of parents with bipolar disorder. *Australian & New Zealand Journal of Psychiatry, 47*(11), 1051–1057. https://doi.org/10.1177/0004867413506754

Freyer, T., Seifritz, E., Imboden, C., & Berger, M. (2024). Affektive Störungen. In L. Hölzel & M. Berger (Hrsg.), *ICD-11 – Psychische Störungen: Innovationen und ihre Bewertung* (S. 111–131). Springer. https://doi.org/10.1007/978-3-662-67687-5_7

Gonzalez, J. M., & Prihoda, T. J. (2007). A Case Study of Psychodynamic Group Psychotherapy for Bipolar Disorder. *American Journal of Psychotherapy, 61*(4), 405–422. https://doi.org/10.1176/appi.psychotherapy.2007.61.4.405

Grabe, H. J., & Schwahn, C. (2011). Interaktion zwischen psychosozialer Umwelt und Genetik – wie groß ist die klinische Relevanz? *Psychiatrische Praxis, 38,* 55–57. https://doi.org/10.1055/s-0030-1265980

Hanford, L. C., Eckstrand, K., Manelis, A., Hafeman, D. M., Merranko, J., Ladouceur, C. D., Graur, S., McCaffrey, A., Monk, K., Bonar, L. K., Hickey, M. B., Goldstein, T. R., Goldstein, B. I., Axelson, D., Bebko, G., Bertocci, M. A., Gill, M. K., Birmaher, B., & Phillips,

M. L. (2019). The impact of familial risk and early life adversity on emotion and reward processing networks in youth at-risk for bipolar disorder. *PLoS ONE, 14*(12), undefined-undefined. https://doi.org/10.1371/journal.pone.0226135

Hättenschwiler, J., Höck, P., Luther, R., Modestin, J., & Seifritz, E. (2009). Bipolare Störungen: Diagnostik. *Swiss Medical Forum, 9*(42), Artikel 42. https://doi.org/10.5167/uzh-25856

Hauser, M., & Correll, C. U. (2013). The significance of at-risk or "prodromal" symptoms for bipolar-I disorder in children and adolescents. *Canadian journal of psychiatry. Revue canadienne de psychiatrie, 58*(1), 22–31

Hautzinger, M. (2025). *Kognitive Verhaltenstherapie bei Depressionen.* Beltz. https://www.beltz.de/fachmedien/psychologie/produkte/details/55681-kognitive-verhaltenstherapie-bei-depressionen.html

Hayes, J. F., Miles, J., Walters, K., King, M., & Osborn, D. P. J. (2015). A systematic review and meta-analysis of premature mortality in bipolar affective disorder. *Acta Psychiatrica Scandinavica, 131*(6), 417–425. https://doi.org/10.1111/acps.12408

Hidalgo-Mazzei, D., Undurraga, J., Reinares, M., Bonnín, C. del M., Sáez, C., Mur, M., Nieto, E., & Vieta, E. (2015). The real world cost and health resource utilization associated to manic episodes: The MANACOR study. *Revista de Psiquiatría y Salud Mental (English Edition), 8*(2), 55–64. https://doi.org/10.1016/j.rpsmen.2015.04.007

Hirschfeld, R. M. A., Williams, J. B. W., Spitzer, R. L., Calabrese, J. R., Flynn, L., Keck, P. E., Lewis, L., McElroy, S. L., Post, R. M., Rapport, D. J., Russell, J. M., Sachs, G. S., & Zajecka, J. (2000). Development and Validation of a Screening Instrument for Bipolar Spectrum Disorder: The Mood Disorder Questionnaire. *American Journal of Psychiatry, 157*(11), 1873–1875. https://doi.org/10.1176/appi.ajp.157.11.1873

Hölzel, L. (2024). Innovationen der ICD-11. In L. Hölzel & M. Berger (Hrsg.), *ICD-11 – Psychische Störungen: Innovationen und ihre Bewertung* (S. 15–33). Springer. https://doi.org/10.1007/978-3-662-67687-5_2

Hudson, J. I., Hiripi, E., Pope, H. G., & Kessler, R. C. (2007). The Prevalence and Correlates of Eating Disorders in the National Comorbidity Survey Replication. *Biological Psychiatry, 61*(3), 348–358. https://doi.org/10.1016/j.biopsych.2006.03.040

Ising, M., & Holsboer, F. (2006). Genetics of stress response and stress-related disorders. *Dialogues in Clinical Neuroscience, 8*(4), 433–444

Judd, L. L., & Akiskal, H. S. (2000). Delineating the longitudinal structure of depressive illness: Beyond clinical subtypes and duration thresholds. *Pharmacopsychiatry, 33*(1), 3–7. https://doi.org/10.1055/s-2000-7967

Judd, L. L., Akiskal, H. S., Schettler, P. J., Coryell, W., Endicott, J., Maser, J. D., Solomon, D. A., Leon, A. C., & Keller, M. B. (2003). A Prospective Investigation of the Natural History of the Long-term Weekly Symptomatic Status of Bipolar II Disorder. *Archives of General Psychiatry, 60*(3), 261–269. https://doi.org/10.1001/archpsyc.60.3.261

Judd, L. L., Akiskal, H. S., Schettler, P. J., Endicott, J., Maser, J., Solomon, D. A., Leon, A. C., Rice, J. A., & Keller, M. B. (2002). The Long-term Natural History of the Weekly Symptomatic Status of Bipolar I Disorder. *Archives of General Psychiatry, 59*(6), 530–537. https://doi.org/10.1001/archpsyc.59.6.530

Judd, L. L., Akiskal, H. S., Zeller, P. J., Paulus, M., Leon, A. C., Maser, J. D., Endicott, J., Coryell, W., Kunovac, J. L., Mueller, T. I., Rice, J. P., & Keller, M. B. (2000). Psychosocial

Disability During the Long-term Course of Unipolar Major Depressive Disorder. *Archives of General Psychiatry*, *57*(4), 375–380. https://doi.org/10.1001/archpsyc.57.4.375

Kealy, D., & Ogrodniczuk, J. S. (2019). 1 – Theoretical evolution in psychodynamic psychotherapy. In D. Kealy & J. S. Ogrodniczuk (Hrsg.), *Contemporary Psychodynamic Psychotherapy* (S. 3–17). Academic Press. https://doi.org/10.1016/B978-0-12-813373-6.00001-5

Kessing, L. V. (2008). The prevalence of mixed episodes during the course of illness in bipolar disorder. *Acta Psychiatrica Scandinavica*, *117*(3), 216–224. https://doi.org/10.1111/j.1600-0447.2007.01131.x

Koenders, M. A., Mesman, E., Giltay, E. J., Elzinga, B. M., & Hillegers, M. H. J. (2020). Traumatic experiences, family functioning, and mood disorder development in bipolar offspring. *The British Journal of Clinical Psychology*, *59*(3), 277–289. https://doi.org/10.1111/bjc.12246

Leboyer, M., Henry, C., Paillere-Martinot, M.-L., & Bellivier, F. (2005). Age at onset in bipolar affective disorders: A review. *Bipolar Disorders*, *7*(2), 111–118. https://doi.org/10.1111/j.1399-5618.2005.00181.x

Leo, R. J., & Singh, J. (2016). Migraine headache and bipolar disorder comorbidity: A systematic review of the literature and clinical implications. *Scandinavian Journal of Pain*, *11*(1), 136–145. https://doi.org/10.1016/j.sjpain.2015.12.002

Leopold, K., Ratzer, S., Correll, C. U., Rottmann-Wolf, M., Pfeiffer, S., Ritter, P., Bauer, M., & Pfennig, A. (2014). Characteristics, symptomatology and naturalistic treatment in individuals at-risk for bipolar disorders: Baseline results in the first 180 help-seeking individuals assessed at the dresden high-risk project. *Journal of Affective Disorders*, *152–154*, 427–433. https://doi.org/10.1016/j.jad.2013.10.009

Leverich, G. S., Altshuler, L. L., Frye, M. A., Suppes, T., Keck, P. E., McElroy, S. L., Denicoff, K. D., Obrocea, G., Nolen, W. A., Kupka, R., Walden, J., Grunze, H., Perez, S., Luckenbaugh, D. A., & Post, R. M. (2003). Factors associated with suicide attempts in 648 patients with bipolar disorder in the Stanley Foundation Bipolar Network. *The Journal of Clinical Psychiatry*, *64*(5), 506–515. https://doi.org/10.4088/jcp.v64n0503

Lewis, C. M., Levinson, D. F., Wise, L. H., DeLisi, L. E., Straub, R. E., Hovatta, I., Williams, N. M., Schwab, S. G., Pulver, A. E., Faraone, S. V., Brzustowicz, L. M., Kaufmann, C. A., Garver, D. L., Gurling, H. M. D., Lindholm, E., Coon, H., Moises, H. W., Byerley, W., Shaw, S. H., … Helgason, T. (2003). Genome Scan Meta-Analysis of Schizophrenia and Bipolar Disorder, Part II: Schizophrenia. *American Journal of Human Genetics*, *73*(1), 34–48. https://doi.org/10.1086/376549

Li, H., Gu, N., Zhang, H., Wang, G., Tan, Q., Yang, F., Ning, Y., Zhang, H., Lu, Z., Xu, X., Shi, J., Gao, C., Li, L., Zhang, K., Tian, H., Wang, X., Li, K., Li, H., Xu, Y., … Yu, X. (2016). Efficacy and safety of quetiapine extended release monotherapy in bipolar depression: A multi-center, randomized, double-blind, placebo-controlled trial. *Psychopharmacology*, *233*(7), 1289–1297. https://doi.org/10.1007/s00213-016-4215-z

Lish, J. D., Dime-Meenan, S., Whybrow, P. C., Price, R. A., & Hirschfeld, R. M. (1994). The National Depressive and Manic-depressive Association (DMDA) survey of bipolar members. *Journal of Affective Disorders*, *31*(4), 281–294. https://doi.org/10.1016/0165-0327(94)90104-x

Marneros, A., & Angst, J. (2000). Bipolar disorders: Roots and evolution. In A. Marneros & J. Angst (Hrsg.), *Bipolar Disorders: 100 years after manic-depressive insanity* (S. 1–35). Springer Netherlands. https://doi.org/10.1007/0-306-47521-9_1

Marwaha, S., Durrani, A., & Singh, S. (2013). Employment outcomes in people with bipolar disorder: A systematic review. *Acta Psychiatrica Scandinavica, 128*(3), 179–193. https://doi.org/10.1111/acps.12087

McGuffin, P., Rijsdijk, F., Andrew, M., Sham, P., Katz, R., & Cardno, A. (2003). The Heritability of Bipolar Affective Disorder and the Genetic Relationship to Unipolar Depression. *Archives of General Psychiatry, 60*(5), 497–502. https://doi.org/10.1001/archpsyc.60.5.497

McIntyre, R. S., Berk, M., Brietzke, E., Goldstein, B. I., López-Jaramillo, C., Kessing, L. V., Malhi, G. S., Nierenberg, A. A., Rosenblat, J. D., Majeed, A., Vieta, E., Vinberg, M., Young, A. H., & Mansur, R. B. (2020). Bipolar disorders. *The Lancet, 396*(10265), 1841–1856. https://doi.org/10.1016/S0140-6736(20)31544-0

Merikangas, K. R., Akiskal, H. S., Angst, J., Greenberg, P. E., Hirschfeld, R. M. A., Petukhova, M., & Kessler, R. C. (2007). Lifetime and 12-Month Prevalence of Bipolar Spectrum Disorder in the National Comorbidity Survey Replication. *Archives of general psychiatry, 64*(5), 543–552. https://doi.org/10.1001/archpsyc.64.5.543

Merikangas, K. R., Jin, R., He, J.-P., Kessler, R. C., Lee, S., Sampson, N. A., Viana, M. C., Andrade, L. H., Hu, C., Karam, E. G., Ladea, M., Medina-Mora, M. E., Ono, Y., Posada-Villa, J., Sagar, R., Wells, J. E., & Zarkov, Z. (2011). Prevalence and Correlates of Bipolar Spectrum Disorder in the World Mental Health Survey Initiative. *Archives of General Psychiatry, 68*(3), 241–251. https://doi.org/10.1001/archgenpsychiatry.2011.12

Meyer, T. D., & Bauer, M. (2020). Bipolare Störungen. In J. Hoyer & S. Knappe (Hrsg.), *Klinische Psychologie & Psychotherapie* (S. 1005–1026). Springer. https://doi.org/10.1007/978-3-662-61814-1_45

Meyer, T. D., & Hautzinger, M. (2001). Allgemeine Depressions-Skala (ADS). Normierung an Minderjährigen und Erweiterung zur Erfassung manischer Symptome (ADMS). [Center for Epidemiological Studies – Depression Scale (CES-D). Norms for adolescents and extension for the assessment of manic symptoms.]. *Diagnostica, 47*(4), 208–215. https://doi.org/10.1026/0012-1924.47.4.208

Meyer, T. D., & Hautzinger, M. (2013). *Bipolare Störungen – Kognitiv-verhaltenstherapeutisches Behandlungsmanual* (1. Auflage). Beltz. https://www.beltz.de/fachmedien/psychologie/produkte/details/5920-bipolare-stoerungen.html

Miklowitz, D. J. (2010). *Bipolar Disorder: Second Edition: A Family-Focused Treatment Approach* (2. Auflage). The Guilford Press. https://www.guilford.com/books/Bipolar-Disorder/David-Miklowitz/9781606236451

Miklowitz, D. J., & Goldstein, M. J. (1997). *Bipolar disorder: A family-focused treatment approach* (S. xviii, 318). Guilford Press

Miller, J. N., & Black, D. W. (2020). Bipolar Disorder and Suicide: A Review. *Current Psychiatry Reports, 22*(2), 6. https://doi.org/10.1007/s11920-020-1130-0

Mishra, H. K., Ying, N. M., Luis, A., Wei, H., Nguyen, M., Nakhla, T., Vandenburgh, S., Alda, M., Berrettini, W. H., Brennand, K. J., Calabrese, J. R., Coryell, W. H., Frye, M. A., Gage, F. H., Gershon, E. S., McInnis, M. G., Nievergelt, C. M., Nurnberger, J. I., Shilling, P. D., … McCarthy, M. J. (2021). Circadian rhythms in bipolar disorder patient-derived neurons predict lithium response: Preliminary studies. *Molecular Psychiatry, 26*(7), 3383. https://doi.org/10.1038/s41380-021-01048-7

Morken, G., Vaaler, A. E., Folden, G. E., Andreassen, O. A., & Malt, U. F. (2009). Age at onset of first episode and time to treatment in in-patients with bipolar disorder. *The British Journal of Psychiatry, 194*(6), 559–560. https://doi.org/10.1192/bjp.bp.108.054452

Mühleisen, T. W., Leber, M., Schulze, T. G., Strohmaier, J., Degenhardt, F., Treutlein, J., Mattheisen, M., Forstner, A. J., Schumacher, J., Breuer, R., Meier, S., Herms, S., Hoffmann, P., Lacour, A., Witt, S. H., Reif, A., Müller-Myhsok, B., Lucae, S., Maier, W., ... Cichon, S. (2014). Genome-wide association study reveals two new risk loci for bipolar disorder. *Nature Communications, 5*(1), 3339. https://doi.org/10.1038/ncomms4339

Oquendo, M. A., & Mann, J. J. (2001). Identifying and managing suicide risk in bipolar patients. *The Journal of Clinical Psychiatry, 62 Suppl 25*, 31–34

Paulzen, M., Gründer, G., & Benkert, O. (2019). Medikamente zur Behandlung bipolarer Störungen. In O. Benkert & H. Hippius (Hrsg.), *Kompendium der Psychiatrischen Pharmakotherapie* (S. 209–283). Springer. https://doi.org/10.1007/978-3-662-57334-1_2

Pettersson, E., Larsson, H., & Lichtenstein, P. (2016). Common psychiatric disorders share the same genetic origin: A multivariate sibling study of the Swedish population. *Molecular Psychiatry, 21*(5), 717–721. https://doi.org/10.1038/mp.2015.116

Rakofsky, J., Ressler, K., & Dunlop, B. (2012). BDNF function as a potential mediator of bipolar disorder and post-traumatic stress disorder comorbidity. *Molecular psychiatry, 17*(1), 22–35. https://doi.org/10.1038/mp.2011.121

Ricken, R., Pilhatsch, M., & Bauer, M. (2007). Pharmakotherapie bipolarer Erkrankungen. *Psychiatrie und Psychotherapie up2date, 1*, 129–148. https://doi.org/10.1055/s-2006-951950

Robinson, N., & Bergen, S. E. (2021). Environmental Risk Factors for Schizophrenia and Bipolar Disorder and Their Relationship to Genetic Risk: Current Knowledge and Future Directions. *Frontiers in Genetics, 12*, 686666. https://doi.org/10.3389/fgene.2021.686666

Rowland, T. A., & Marwaha, S. (2018). Epidemiology and risk factors for bipolar disorder. *Therapeutic Advances in Psychopharmacology, 8*(9), 251–269. https://doi.org/10.1177/2045125318769235

Sasse, J., Pilhatsch, M., Forsthoff, A., Grunze, H., Neutze, J., Pfennig, A., Schmitz, B., Schwenkhagen, A., & Bauer, M. (2009). Spezifische Behandlungsaspekte bipolar erkrankter Frauen. *Der Nervenarzt, 80*(3), 263–272. https://doi.org/10.1007/s00115-008-2644-6

Sasson, Y., Chopra, M., Harrari, E., Amitai, K., & Zohar, J. (2003). Bipolar comorbidity: From diagnostic dilemmas to therapeutic challenge. *The International Journal of Neuropsychopharmacology, 6*(2), 139–144. https://doi.org/10.1017/S1461145703003432

Schneider, F., Härter, M., & Schorr, S. (2017). *S3-Leitlinie/Nationale VersorgungsLeitlinie Unipolare Depression*. Springer-Verlag

Schnell, T. (2014). Moderne kognitive Verhaltenstherapue bei schweren psychischen Störungen. Heidelberg: Springer

Seemüller, F., Godemann, F., Wiegand, H. F., Wolff-Menzler, C., Nitschke, R., Häfner, S., Pogarell, O., Falkai, P., & Löhr, M. (2018). Psychiatrische und medizinische Komorbidität en bei Betroffenen mit bipolar affektiver Störung. *Nervenheilkunde, 33*, 865–872. https://doi.org/10.1055/s-0038-1627757

Sen, S., Duman, R., & Sanacora, G. (2008). Serum Brain-Derived Neurotrophic Factor, Depression, and Antidepressant Medications: Meta-Analyses and Implications. *Biological Psychiatry, 64*(6), 527–532. https://doi.org/10.1016/j.biopsych.2008.05.005

Smoller, J. W., & Finn, C. T. (2003). Family, twin, and adoption studies of bipolar disorder. *American Journal of Medical Genetics Part C: Seminars in Medical Genetics, 123C*(1), 48–58. https://doi.org/10.1002/ajmg.c.20013

Stefana, A., D'Imperio, D., Dakanalis, A., Vieta, E., Fusar-Poli, P., & Youngstrom, E. (2024). Probing the impact of psychoanalytic therapy for bipolar disorders: A scoping review. *International Forum of Psychoanalysis*, *33*(1), 51–62. https://doi.org/10.108 0/0803706X.2022.2097307

Tondo, L., Visioli, C., Preti, A., & Baldessarini, R. J. (2014). Bipolar disorders following initial depression: Modeling predictive clinical factors. *Journal of Affective Disorders, 167*, 44–49. https://doi.org/10.1016/j.jad.2014.05.043

Tundo, A., Musetti, L., Benedetti, A., Massimetti, E., Pergentini, I., Cambiali, E., & Dell'Osso, L. (2018). Predictors of recurrence during long-term treatment of bipolar I and II disorders. A 4 year prospective naturalistic study. *Journal of Affective Disorders, 225*, 123–128. https://doi.org/10.1016/j.jad.2017.08.013

Uher, R., Mantere, O., Suominen, K., & Isometsä, E. (2013). Typology of clinical course in bipolar disorder based on 18-month naturalistic follow-up. *Psychological Medicine, 43*(4), 789–799. https://doi.org/10.1017/S0033291712001523

Uher, R., Pallaskorpi, S., Suominen, K., Mantere, O., Pavlova, B., & Isometsä, E. (2019). Clinical course predicts long-term outcomes in bipolar disorder. *Psychological Medicine, 49*(7), 1109–1117. https://doi.org/10.1017/S0033291718001678

Valtonen, H., Suominen, K., Mantere, O., Leppämäki, S., Arvilommi, P., & Isometsä, E. T. (2005). Suicidal ideation and attempts in bipolar I and II disorders. *The Journal of Clinical Psychiatry, 66*(11), 1456–1462. https://doi.org/10.4088/jcp.v66n1116

Volkert, J., Kopf, J., Kazmaier, J., Glaser, F., Zierhut, K. C., Schiele, M. A., Kittel-Schneider, S., & Reif, A. (2015). Evidence for cognitive subgroups in bipolar disorder and the influence of subclinical depression and sleep disturbances. *European Neuropsychopharmacology, 25*(2), 192–202. https://doi.org/10.1016/j.euroneuro.2014.07.017

Völz, H., & Köhler, S. (2024). Überblick über die Veränderungen in der ICD-11 im Bereich der affektiven Störungen. *Nervenheilkunde, 43*, 196–202. https://doi.org/10.1055/a-2261-8292

Walter, H., Husemann, R., & Hölzel, L. P. (2024). Psychische Störungen in der ICD-11. *Nervenheilkunde, 43*, 167–178. https://doi.org/10.1055/a-2216-7277

WHO (2000) Internationale Klassifikation psychischer Störungen: ICD-10, Kapitel V (F); Diagnostische Kriterien für Forschung und Praxis (2. Aufl.), vol 2. Huber, Bern

WHO (World Health Organization) (2019). International Classification of Diseases for Mortality and Morbidity Statistics (11th Revision)

WHO (2022). *ICD-11*. https://icd.who.int/en/

Willemsen, J., Della Rosa, E., & Kegerreis, S. (2017). Clinical Case Studies in Psychoanalytic and Psychodynamic Treatment. *Frontiers in Psychology, 8*. https://doi.org/10.3389/fpsyg.2017.00108